Heidenspaß und Höllenangst

Jean-Claude Schmitt

Heidenspaß und Höllenangst

Aberglaube im Mittelalter

Aus dem Französischen
von Matthias Grässlin

Campus Verlag · Frankfurt/New York
Editions de la Maison des Sciences
de l'Homme · Paris

Dieser Text erschien in französischer Sprache zuerst unter dem Titel »Les superstitions« als Kapitel 4 in dem von Jacques LeGoff und René Rémond herausgegebenen Werk *L'Histoire de la France religieuse*, Band 1: Des origines au XIVe siècle.
© 1988 by Editions du Seuil, Paris.

Dieses Buch erscheint im Rahmen eines 1985 getroffenen Abkommens der Wissenschaftsstiftung Maison des Sciences de l'Homme und dem Campus Verlag. Das Abkommen beinhaltet die Übersetzung und gemeinsame Publikation deutscher und französischer geistes- und sozialwissenschaftlicher Werke, die in enger Zusammenarbeit mit Forschungseinrichtungen beider Länder ausgewählt werden.

Cet ouvrage est publié dans le cadre d'un accord passé en 1985 entre la Fondation de la Maison des Sciences de l' Homme et le Campus Verlag. Cet accord comprend la traduction et la publication en commun d'ouvrages allemands et français dans le domaine des sciences sociales et humaines. Il seront choisis en collaboration avec des institutions de recherche des deux pays.

Die Deutsche Bibliothek – CIP-Einheitsaufnahme

Schmitt, Jean-Claude:
Heidenspass und Höllenangst : Aberglaube im Mittelalter /
Jean-Claude Schmitt. Aus dem Franz. von Matthias Grässlin. –
Frankfurt/Main ; New York : Campus Verlag ;
Paris : Ed. de la Maison des Sciences de l'Homme, 1993
Einheitssacht.: Les superstitions <dt.>
Kap. 4 von: L'histoire de la France religieuse
ISBN 3-593-34833-0
ISBN 2-7351-0524-5 (Ed. de la Maison des Sciences de l'Homme)

Satz: Fotosatz Leingärtner, Nabburg/Neusath
Druck und Bindung: Druckhaus Thomas Müntzer, Bad Langensalza
Dieses Buch wurde auf säurefreiem und chlorfrei gebleichtem Papier gedruckt.
Printed in Germany

Inhalt

Vorwort
zur deutschen Ausgabe

Was hier als kleines Buch vorliegt, ist die Übersetzung eines Kapitels aus der »Geschichte des religiösen Frankreich« (*Histoire de la France religieuse*), einer Gemeinschaftspublikation, die von Jacques Le Goff und René Rémond, zwei der renommiertesten französischen Historiker, herausgegeben wurde. Das Werk richtet sich nicht nur an die Kollegen aus der Historikerzunft, sondern auch an eine gebildete Leserschaft im weitesten Sinne; es versucht eine Bilanz der neuesten Forschungen eines Gebietes, auf dem es in den letzten Jahren in der Tat zu einer beträchtlichen Erweiterung unseres Wissens und unserer Methoden gekommen ist. Es hat sich in Frankreich eingebürgert, dieses Forschungsfeld als »religiöse Geschichte« (*histoire religieuse*) zu bezeichnen. Dieses Etikett, das innerhalb wie außerhalb der universitären Lehre in Gebrauch gekommen ist, versuchen die Herausgeber dieser Gemeinschaftspublikation freilich bewußt zu vermeiden. Ganz zu Recht halten sie es für überholt, das historische Wissen in verschiedene Schubladen zu sortieren, aufzuteilen in Spezialdisziplinen (wie etwa Wirtschaftsgeschichte, Sozialgeschichte, Kirchengeschichte, politische Geschichte), die jeweils nicht mehr darüber im Bilde sind, was in den benachbarten Feldern geschieht. Viel zu lange auch wurde die Kirchengeschichte unabhängig oder gar in bewußter Absetzung von der Sozialgeschichte bzw. der Geschichte schlechthin betrieben, zumal wenn ihre Autoren – seien es Kleriker oder Gläubige – von einem religiösen Standpunkt aus schrieben. Heute, in einer Gesellschaft, wo der Einfluß des Christentums oder der Kirchen im Vergleich zur Vergangenheit eine starke Einschränkung erfahren hat, gelingt den Historikern ein distanzierterer und freierer Blick auf diese Geschichte. Sie haben gelernt, unabhängig von jedem persönlichen Engagement, religiöser Zugehörigkeit oder individuellen Glaubensauffassungen, die christliche Religion zu relativieren, mit anderen Religionen zu vergleichen und auch besser jene komplexen Beziehungen zu erhellen, welche die Religion zu den sozialen Gegebenheiten unterhält.

Es mag daher wie ein Widerspruch erscheinen, einerseits an dieser Erneuerung der historischen Reflexion teilhaben zu wollen und andererseits unserer Untersuchung einen so betagten und fragwürdigen Begriff wie den des »Aberglaubens« zugrunde zu legen. Wie kann man die falschen Gewißheiten der traditionellen Historiographie zu erschüttern hoffen und sich andererseits einen Begriff zu eigen machen, der unmittelbar aus der offiziellen und normativen Sprache der kirchlichen Institution herrührt? Man kann es nicht oft genug wiederholen: Viel zu lange haben die Historiker geglaubt – vor allem wenn es sich um Kleriker handelte –, die Tradition der Kirche mit Konzepten und Begriffen studieren zu können, die aus eben dieser Tradition stammten. Es ist demgegenüber notwendig, die konzeptionelle Gültigkeit solcher Begriffe wie »Magie«, »Aberglauben«, ja selbst »Religion« in Frage zu stellen. Die Geschichte des Christentums zu relativieren, erfordert in einem ersten Schritt, sich in eine kritische Distanz zu diesem Vokabular zu begeben, anders formuliert: die Worte und Begriffe a priori zu einem eigenen Untersuchungsgegenstand zu machen. Insbesondere wäre zu zeigen, daß es während dieser langen Periode der europäischen Geschichte, die nicht nur dem sogenannten »Mittelalter«, sondern dem *Ancien Regime*, einem »Alteuropa« entspricht, keine wirkliche »religiöse Geschichte« geben kann. Aus einem einfachen Grund: es ist anachronistisch, auf die Periode bis zum 18. Jahrhundert jenen heutzutage gängigen Religionsbegriff anzuwenden, der »Religion« definiert als spezifische Glaubensvorstellungen, denen das Individuum aufgrund einer freien Entscheidung anhängt und die von einer besonderen Einrichtung – der Kirche – garantiert werden, die vom übrigen Sozialkörper – vor allem vom »Staat« – deutlich unterschieden ist.

Hier genügt es festzustellen, daß der Begriff »Aberglauben« keinerlei absolute Realität bezeichnet. Der Historiker darf demnach nicht von einem klerikalen Standpunkt aus urteilen und bestimmte Glaubensvorstellungen und Praktiken als »Aberglauben«, andere als »Religion« bezeichnen. Eine solche Unterscheidung ist weder ontologisch fundiert noch wissenschaftlich begründet. Sie ist ganz und gar ideologisch, also geschichtlich konstruiert und variabel, d.h. dem komplexen Spiel unzähliger sozialer und kultureller Faktoren unterworfen. Der Begriff des »Aberglaubens« selbst wird also zu einem geschichtlichen Dokument, zum Zeugnis einer langen Geschichte, die von den Anfängen des Christentums bis in die Neuzeit reicht und deren Gegenstand nicht von vornherein in klar voneinander abgegrenzte, entgegengesetzte und überzeitliche Entitäten wie »Aberglauben« und »Religion« zerfällt. Wir schreiben diese Geschichte nicht als rein »religiöse«, sondern versuchen sie möglichst umfassend in die gesellschaftlichen Gegebenheiten einzubetten. Die je geschichtlichen Funktionen des Aberglaubensbegriffes, die mit seiner Hilfe getroffenen Verdammungsurteile, die oft genug die Glaubenspraktiken und -vorstellungen einer Mehrheit betreffen, die Konflikte und mehr noch die Kompromisse und Synkretismen, die sich in ihm abzeichnen, schließlich seine realen, epochenspezifischen Anwendungsfelder – dies alles, so wird zu zeigen sein, sind nur Momente einer reichen geschichtlichen Entwicklung, einer gleichzeitig religiösen, kulturellen, ideologischen und gesellschaftlichen Evolution, in der sich eine allmähliche und keineswegs geradlinige Genese unserer Modernität abzeichnet.

Nach diesen Überlegungen zum Konzept noch ein Wort zur Methode. Die Geschichte des »Aberglaubens« sollte man, wie mir scheint, untersuchen ohne eine vorgefertigte Idee hinsichtlich ihrer chronologischen Perioden, die man oft genug nur aufgrund einer spezifischen Disziplin der Historie festgelegt hat (z. B. aufgrund dessen, was man anachronistisch »politische Geschichte« nennt). Demgegenüber versuche ich sensibel zu sein für die differenzierten Rhythmen der Geschichte, wie sie Fernand Braudel einst ins Licht gerückt hat, d. h. für die Möglichkeit, daß ein und dasselbe Phänomen gleichzeitig an mehreren historischen Zeiten partizipieren kann, die sich gegenseitig überlagern und ergänzen. Beispielsweise werden wir sehen, wie sich in der Geschichte des »Aberglaubens« Phänomene von der sehr langen Dauer einer gebildeten, lateinischen Kirchensprache und bestimmter volkstümlicher Traditionen einerseits, von kürzerer und besser datierbarer Dauer einiger ritueller oder doktrinärer Neuerungen andererseits artikulieren.

Weiter möchte diese Geschichte gleichzeitig auch Realitäten und – entsprechend – bestimmte Typen von Dokumenten (Texte, Archäologie, Ikonographie) berücksichtigen, die normalerweise der exklusiven Fachkompetenz von Spezialisten (Theologen, Kunsthistorikern usw.) vorbehalten bleiben. Die Vergangenheit spricht zu uns in vielen Stimmen; wer sie nicht auf einen eindimensionalen »Diskurs« reduzieren will, der muß sensibel bleiben für diese Unterschiede. Bilder etwa vermögen uns oft etwas zu »erzählen« (weil sie nämlich gerade nicht »erzählen«, sondern »zeigen«), was Texte nicht zum Ausdruck bringen können oder dürfen. Dieses Buch übernimmt daher einen Teil der Ikonographie der französischen Originalversion: der Leser möge in diesen Bildern nicht simple Illustrationen sehen, die den Text nur begleiten, sondern autonome Dokumente, die eine spezifische Interpretation erfordern und die auf ihre Weise (wie übrigens auch die zahlreichen zitierten Texte) ein konkretes und lebendiges Licht auf den »Aberglauben der Vergangenheit« werfen.

Diese kurzen Worte der Einleitung blieben unvollständig und ungerecht, enthielten sie nicht den Ausdruck meiner Dankbarkeit gegenüber Ulrich Raulff, von dem die Initiative zu dieser Übersetzung stammt, und Matthias Grässlin, dessen historische Bildung und Intelligenz ich dank seiner Pariser Studien und gemeinsamer Diskussionen schon schätzen lernte, um nun auch seine Gaben als Übersetzer zu entdecken.

Einleitung

Der Aberglaube verhält sich zur Religion wie die Astrologie
zur Astronomie – die überaus törichte Tochter einer sehr
klugen Mutter.

Voltaire

Das Christentum des mittelalterlichen Abendlands und der neuzeitliche Katholizismus, der ihm entsprungen ist, zeichnen sich im Kreise der Weltreligionen durch drei Besonderheiten aus: die Organisation als »Kirche«, die Existenz eines »Klerus«, die Bindung an ein »Dogma«. Diese Gegebenheiten unterscheiden das katholische Christentum insbesondere von jenen Religionen, die seine Vorgänger, Zeitgenossen oder Nachfolger waren: die antiken Religionen Griechenlands und Roms, das Judentum und der Islam, aber auch die protestantischen Konfessionen seit der Reformation. Die Existenz der Institution »Kirche«, die schriftliche Fixierung eines verbindlichen Dogmas seit dem Beginn des 3. Jahrhunderts, die soziale, kulturelle und religiöse Unterscheidung zweier Lebensformen von Christen – Kleriker und Laien – haben der Christenheit, vor allem im Mittelalter, scharfe Konturen verliehen, Grenzen, deren man sich stets sehr bewußt war: eine äußere Grenze, wo die Christen den Heiden, Juden und Muslimen gegenüberstanden; eine innere Grenze, welche die guten Christen schied von den schlechten, von den Ketzern, Schismatikern oder ganz allgemein den Sündern. Es war die letztere Gruppe, in der man von Anfang an auch die Anhänger des »Aberglaubens« plazierte.

Der Begriff »Aberglaube« firmiert nach wie vor in unserem Wortschatz. Als »abergläubisch« bezeichnen wir gewöhnlich den, der eine kausale Beziehung herstellt zwischen einem scheinbar bedeutsamen Faktum – dreizehn Gäste an einer Tafel, das Umwerfen eines Salznäpfchens, das Zerbrechen eines Glases – und einem zumeist zukünftigen Ereignis, dessen Eintreffen er entweder erhofft oder befürchtet (und dann zu vermeiden sucht).

Derartige Verhaltensweisen oder Überzeugungen können in ein

und derselben Gesellschaft, sogar bei einzelnen Menschen mit einer durchaus wissenschaftlichen und technischen Haltung gegenüber denselben Phänomenen koexistieren. So kann man »auf Holz klopfen«, bevor man ein Flugzeug besteigt, ohne doch daran zu zweifeln, daß sich dieses bei seinem Flug an die Gesetze der Aerodynamik halten wird. Dieser gleichzeitige oder sukzessive Rückgriff auf zwei verschiedene Logiken – die eine basierend auf einem wissenschaftlichen Weltbild, die andere auf irrationalen Annahmen – ist eine alltägliche Erfahrung; ihre Verbreitung variiert mit der sozialen Schicht, dem Bildungsniveau und den behandelten Themen (die Bereiche »Körper« und »Krankheit« stehen zumeist im Vordergrund). In den großen Städten – für unsere westliche Ideologie die Heimat des rationalen Geistes – haben die Wahrsager neuerdings wieder Hochkonjunktur ...

Abergläubische Praktiken oder Vorstellungen stoßen heutzutage im allgemeinen auf Toleranz. Doch sie lösen unterschiedliche Reaktionen aus, ironisches Lächeln bei den einen, skeptische Neugier bei den anderen. Ihre äußeren Formen haben sich nur sehr wenig verändert: Der Glaube an Vorzeichen beispielsweise ist ein in allen Epochen und Kulturen verbreitetes Phänomen. Doch unsere Beurteilungsmaßstäbe, unser ideologisches Koordinatensystem, haben sich gewandelt. Abergläubische Praktiken oder Vorstellungen geraten heute kaum mehr mit den Vorschriften der kirchlichen Glaubenslehre in Konflikt, befinden sich aber im allgemeinen in einer scharfen Opposition zu jener wissenschaftlichen Rationalität, die sich im Abendland hauptsächlich seit dem 17. Jahrhundert entwickelt hat. Dieser Vorgang – die Ablösung eines ideologischen Koordinatensystems durch ein anderes – vollzog sich freilich in Etappen und ist heute gewiß noch nicht völlig abgeschlossen.

Als der Abbé Jean-Baptiste Thiers, Pfarrer in Champrond (in der Diözese von Chartres), im Jahre 1679 zum ersten Mal seinen berühmten *Traité des superstitions* veröffentlichte, war die ideologische Landschaft noch durch und durch traditionell. Der kulturelle Bezugspunkt dieses Traktats war die katholische Gegenreformation; noch ist die Religion das Feld, der legitime Schauplatz, wo dem »Aberglauben« der Prozeß gemacht und das Verdammungsurteil über ihn ausgesprochen wird. All jene Lehren und Praktiken, die die Kirche als übertrieben, überflüssig oder gottlos verurteilte, weil sie dem Dogma oder der Würde ihrer heiligen Sakramente zuwiderliefen, finden sich in der

Abhandlung des Abbé Thiers fein säuberlich aufgelistet. Das gesamte 18. Jahrhundert hindurch wurde dieses Werk immer wieder neu aufgelegt und erweitert, auch wenn sein Autor schon längst gestorben war. Seine letzte Auflage datiert von 1777, also aus einer Epoche, in der die Philosophen nunmehr die Kirche selbst, mit allen ihren Riten und Glaubenssätzen, auf die Seite des »Aberglaubens« verbannten.

Auch wenn wir in dieser Darstellung die Geschichte des Christentums nur bis gegen Mitte des 14. Jahrhunderts behandeln werden, so mag das Werk des Abbé Thiers doch als monumentaler Schlußstein die Grenze eines Untersuchungsfelds markieren, das in erster Linie durch eine »lange Dauer« bestimmt ist. Entsprechend hat auch der Abbé Thiers seine den zeitgenössischen Aberglauben betreffenden Beobachtungen mit einer beeindruckenden Sammlung kirchlicher Texte untermauert, von denen einige bis in die ersten Jahrhunderte der Kirchengeschichte zurückreichen. Eine Art von Kontinuität des »Mittelalters«, d. h. eine kontinuierliche Wirksamkeit »mittelalterlicher« Strukturen und Elemente auch diesseits und jenseits der traditionellen Epochengrenzen, läßt sich jedenfalls nur schwerlich bestreiten.

Freilich formen jene eineinhalb Jahrtausende, die wir nun etwas eingehender behandeln wollen, keinen einheitlichen Block. Nicht nur der Begriff des »Aberglaubens«, sondern auch seine äußeren Formen und Anwendungsgebiete waren im Verlauf dieser Jahrhunderte starken Wandlungen unterworfen. Die Untersuchung des mittelalterlichen »Aberglaubens« – eingebettet in eine noch längere Geschichte – mag uns daher zu der Einsicht führen, daß dieses Phänomen keine fixe, gleichbleibende Größe darstellt; »Aberglauben« (superstitio) ist nicht mehr und nicht weniger als ein (übrigens sehr alter) Begriff, der bei seiner Wanderung durch die Jahrhunderte und durch die verschiedenen (heidnischen, katholischen, protestantischen) Religionen seinen Sinn oft verändert hat. Die Sachverhalte, die er bezeichnet, die Zwangsmaßnahmen, die er gerechtfertigt, die kulturellen Brennpunkte, die er auf diese Weise ins Licht gerückt hat, waren immer wieder andere.

Ich setze den Begriff »Aberglauben« stets in Anführungszeichen, um zu verdeutlichen, daß es sich dabei um eine der untersuchten Epoche entstammende Bezeichnung, nicht um einen Ausdruck der modernen Historiographie handelt; und ich gebrauche ihn einerseits, wie die mittelalterlichen Texte, im Singular »Aberglauben« (superstitio), wenn eine religiöse Kategorie dieser Epoche bezeichnet werden soll,

andererseits im Plural »Superstitionen«, wenn von Glaubensvorstellungen, Redensarten oder besonderen Gebärden die Rede ist. Noch die Heimatforscher, Historiker und Volkskundler des letzten Jahrhunderts haben sich in ihrer Begrifflichkeit nicht immer deutlich abgegrenzt von der Terminologie jener Autoritäten (kirchliche Autoren, weltliche Richter usw.), denen sie ihre Quellen und Dokumente verdankten. Immerhin bemühten sie sich, ein bloßes Kopieren des herrschenden Diskurses zu vermeiden und variierten ihre Terminologie: statt von »Aberglauben« sprachen sie lieber von »Überresten« (survivances) oder von »Volksglauben«. Doch die Vorurteile überdauerten oft hartnäckig den Wandel der Terminologie.

Ich selbst werde nach wie vor vom Begriff »Aberglauben« ausgehen, bin mir jedoch bewußt, daß diese Bezeichnung leicht zu einer »autoritativen« Sichtweise verleiten kann, in der man die Dinge nur noch durch eine klerikale Brille betrachtet oder aus der Perspektive jener Gelehrten, die nicht nur beschreiben, sondern auch werten und verurteilen. Meines Erachtens kommt man nicht umhin, zunächst diese Sichtweise darzustellen; nur so wird begreiflich, welche eminente geschichtliche Rolle die Autorität der Kirche über Jahrhunderte hinweg beim Werden unserer westlichen Kultur und Gesellschaft gespielt hat. Die Kirche verstand es vor allem als ihre Aufgabe, die Spreu vom Weizen zu trennen. Das Bild, das sich die Kleriker von der »Spreu der Superstitionen« machten, wandelte sich jedoch im Laufe der Jahrhunderte, desgleichen die Felder, auf denen man diese Spreu zu finden meinte. Zunächst mußte die Kirche gegen den »Aberglauben« in den eigenen Reihen ankämpfen, d.h. gegen Praktiken, die zumindest bei einem Teil des Klerus in Gebrauch waren. Solche in-

---

1. Teufelsglaube und Höllenangst – unserem aufgeklärten Zeitalter gelten sie als der Inbegriff von »Aberglauben«. Nicht so dem christlichen Mittelalter, in dem die Angst vor der Hölle, jenem Ort des Jenseits, »wo es keine Erlösung gibt« (wie uns das Spruchband über dem Haupt Satans verrät), zu einer der wichtigsten Grundlagen der herrschenden kirchlichen Weltanschauung wurde. Den Höllenschlund konnten die mittelalterlichen Menschen auch auf der Bühne jener Mysterienspiele bestaunen, die vor den Kirchen aufgeführt wurden. Der Sadismus der Höllenmartern, die bizarre Sexualität des Teufels und sein monströser Körper – Mensch, Hund und Raubvogel in einer Person – verliehen solchen Bildern eine Faszination, der man sich auch heute nur schwer entziehen kann.
(Memling-Werkstatt, »Die Hölle«, 15. Jahrhundert, Straßburg, Musée des Beaux-Arts)

nerkirchliche Selbstkritik wirft bezeichnende Schlaglichter auf die Geschichte der Kirche und der religiösen Kultur: Praktiken, die in Kult, Liturgie und religiösem Alltag lange Zeit hindurch als rechtmäßig angesehen wurden, werden eines Tages plötzlich in Frage gestellt und dann sehr schnell beseitigt, zumindest als allgemeine Bräuche. Wir werden noch sehen, wie es seit dem 12. Jahrhundert zu einer Intensivierung dieser innerkirchlichen Kritik kommt, die sich beispielsweise gegen Reliquien, Wunder, Übernatürliches, Heiligenverehrung, religiöse Bilder, Gottesurteile etc. richtet. Solche kritischen Stimmen sind niemals verstummt. Noch das zweite Vatikanische Konzil und seine liturgischen Reformen müssen letztlich in dieser langen Tradition gesehen werden.

Doch der Kampf gegen den »Aberglauben« akzentuierte, ja verschärfte manchmal auf dramatische Weise den Gegensatz von Klerus und Laien: dies betraf sowohl die ihnen in der Kirche zugewiesenen Aufgaben als auch die unterschiedlichen kulturellen Logiken, die ihnen jeweils eigen waren. Freilich sollte man diese Unterscheidung nicht überstrapazieren: ein einfacher Landpfarrer hatte mehr kulturelle Gemeinsamkeiten mit seinen Pfarrkindern als mit den gelehrten Universitätstheologen der Stadt. Eine Geschichte des »Aberglaubens« berührt sich daher zwangsläufig mit der Geschichte der Volkskultur und der »Folklore«, denen die Historie erst in den letzten Jahrzehnten wieder den Rang eigenständiger Phänomene zuerkannte. Diese Geschichte ist in einem gewissen Sinne eine Negation jener Art von Geschichtsschreibung, die lange Zeit hindurch ausschließlich den Standpunkt der offiziellen Kultur berücksichtigte und so ein Verständnis der Kultur der einfachen Leute in ihrer Eigenlogik und aufgrund ihrer eigenen Prämissen verhinderte: die Volksreligion wurde in reduktionistischer Manier bloß als eine minderwertige Version der Religion der Eliten betrachtet.

Über das Konstrukt »Aberglauben« zu handeln, heißt also in einem gewissen Sinne, von einem Diskurs der Autorität, der Ordnung und des Zwangs auszugehen. Doch wir werden versuchen, die historische Wirklichkeit nicht einseitig, sondern von ihren beiden Polen her – von »oben« *und* von »unten« – zu beschreiben. Was in den Wert- und Verdammungsurteilen über den »Aberglauben« zur Sprache kommt, ist, wie dann gezeigt werden kann, das schwierige Nebeneinander dieser Kulturen, die Unvereinbarkeiten, die Brüche und die Kommunikationsschwierigkeiten, die es mit sich bringt. Der Gebrauch des Begriffes »Aberglauben« in den verschiedenen Jahrhunderten markiert sozusagen eine Frontlinie, die sich in ständiger Bewegung befindet und an der ein Angriff niemals bloß von einer einzigen Seite ausging. Der Druck, den »abergläubische« Praktiken und Auffassungen ausübten, befand sich immer in einer dialektischen Spannung mit Gesetz und Autorität. Das geschichtliche Produkt dieser Beziehung heißt »Religionsgeschichte«: schaut man genauer hin, dann erkennt man eine verwickelte Abfolge von »Figuren des Kompromisses«.

I

Superstitio (»Aberglauben«) in Rom und bei den Kirchenvätern

Welchen Platz das Wort *superstitio* innerhalb des indoeuropäischen Wortschatzes einnimmt, hat der große Linguist Émile Benveniste genau herausgearbeitet. Im Lateinischen ist es abgeleitet vom Verb *super-stare* (»oben darauf stehen«) und bezeichnet die Situation eines Zeugen (*superstes*): ein »Zeuge« ist jemand, der ein vergangenes Ereignis »überlebt« hat und deshalb bezeugen kann, daß es tatsächlich stattgefunden hat.

Das Wort hat ursprünglich keine im eigentlichen Sinne religiöse Bedeutung. Erst in römischer Zeit nahm es eine solche an: Cicero zufolge (*De natura deorum* II, 28) »nennt man diejenigen abergläubisch, die täglich beten oder opfern in der Hoffnung, daß ihre Kinder sie überlebten« (eine Stelle, die im Mittelalter häufig zitiert wurde, besonders in den *Etymologien* des Isidor von Sevilla). Um zu überleben, um die Qualität eines Zeugen zu erwerben, ist es erforderlich, daß man sich des Schutzes der Götter versichert. Im übrigen bezeichnet das Adjektiv *superstitiosus* häufig die Wahrsager.

Doch schon bei den Römern bekam das Wort *superstitio* in gewissen Fällen eine ungünstige Bedeutung: man stellte es bald der *religio* gegenüber, d.h. dem religiösen Skrupel, der für die römische Religion so typischen Besorgnis, alle Rituale regelgetreu auszuführen, alles das

---

2. Der wilde Mann (lat. *silvaticus*, von *silva* »Wald«) war der Inbegriff der verborgenen Kräfte jenes Urwaldes, den die Menschen des Abendlandes erst im Laufe des Mittelalters nach und nach rodeten. Der gebändigte Urwald wurde christliche Erde, Kulturland, und der Wilde Mann war bald nur noch als Emblem und auf Wappenbildern zu bewundern. Auch dort verzichtet er nicht auf seine bedrohlichen Attribute – Keule und Fratze – und auf seine archaische Frontalität.
(Tréguier, Dom St. Tugdual, Chorgestühl, 1509, »Der Wilde Mann«)

in geziemender Weise zu vereinen, was zur Verehrung der Götter gehörte: »wieder zusammennehmen« (re-legere) lautet die Etymologie,
die Cicero für *religio* vorschlägt. Man sieht die *superstitio* als eine per-
vertierte Form der *religio* an; wie die Vorsilbe *super* in ihren Bedeu-
tungen »überflüssig« (*superfluus*), »nichtig«, »hinzugefügt« (*superin-
stitutus, super-additus*) oder sogar »fremd« suggeriert, wird der
»Aberglauben« oft mit dem Laster der Übertreibung verbunden.

Die Umformung des Begriffs durch das Christentum

Das Wort *superstitio* wird nun ebenso vom Christentum übernommen
wie der dahinterliegende Komplex von Werten und Begriffen. Dabei
kommt es freilich zu Umformungen, wie etwa in der »Religionslehre«
(*Institutiones divinae*) des Lactantius, jenes römischen Rhetors, der
sich um 300 zum Christentum bekehrte. Lactantius verwirft die ety-
mologischen Deutungen Ciceros: *religio* kommt seiner Ansicht nach
nicht von *relegere*, sondern von *re-ligare* »erneut binden, zurückbin-
den«. Hinter dieser Interpretation steht eine ganz andere, spezifisch
christliche Konzeption, welche Religion versteht als eine persönliche
»Bindung«, in der der Christ Gott gegenüber eine Verpflichtung ein-
geht.
    Auch in Bezug auf den Ausdruck *superstitio* schiebt Lactantius die
Erklärung Ciceros beiseite und macht sich, in einem christlichen Kontext, jene Etymologie zu eigen, welche der Dichter Lukrez vorgeschlagen hatte: »Abergläubisch sind nicht diejenigen, welche hoffen,
daß ihre Söhne sie überleben – dies erhoffen wir uns doch alle –, sondern jene, die das Andenken der Verstorbenen verehren, damit es sie
überlebe, oder auch jene, die mit Hilfe von Bildern ihren Verwandten
(Eltern), ähnlich den Hausgöttern, einen häuslichen Kult widmen«.
Lactantius und die nachfolgenden christlichen Autoren entschieden
sich also dafür, »Aberglauben« nur noch in seiner negativen Bedeutung zu verstehen und den Begriff ein für alle Mal der »Religion« ge-
genüberzustellen, um ihn dann auf all jene Formen des Heidentums
anzuwenden, die das Christentum so vehement bekämpfte, vor allem
auf das Wahrsagen mit Hilfe von Totenbeschwörung (Nekromantie)
und auf den Götzendienst (Idolatrie). Mit Lactantius ist die Trennung
zwischen »Religion« und »Aberglauben« also endgültig vollzogen.
Der letztere Begriff bekommt eine ausschließlich negative Bedeutung,

da *superstitio* nunmehr nichts anderes ist als jenes Heidentum, das innerhalb des Christentums »fortlebt«: »Religion ist die Verehrung des Wahren (Gottes), Aberglaube die Verehrung des Falschen«.

Paulus: zwischen den Kulturen

Diese Sicht der Dinge bestimmte nun auch die Übersetzung und Deutung der Bibel durch die ersten christlichen Autoren. Im Alten Testament fehlt es nicht an Bannflüchen Jahwes oder der Propheten wider den Feind oder wider die Ungläubigen im eigenen Volk, und die mittelalterliche Kirche wird sich ihrer bedienen, um »abergläubische« Vorstellungen und Praktiken zu verdammen. Es handelt sich beispielsweise um Formulierungen wie »Eine Zauberin sollst du nicht am Leben lassen« (Exodus 22,17) oder »Und wenn sich einer an Totenbeschwörer und Wahrsager wendet und sich mit ihnen abgibt, so richte ich mein Angesicht wider einen solchen und merze ihn aus seinem Volk aus (Levitikus 20,6). Dennoch, schlägt man die Vulgata auf – jene Bibelübersetzung des hl. Hieronymus († 420), die bis auf den heutigen Tag das christliche Denken des Abendlandes befruchtet – so findet sich das Wort *superstitio* weder im Alten Testament noch in den Evangelien. Es erscheint nur an drei Stellen der Apostelgeschichte und in einem Paulus-Brief. Seine Verwendung in der Apostelgeschichte ist übrigens zweideutig, da es sich um einen »Aberglauben« handelt, den die Juden dem hl. Paulus zum Vorwurf machen angesichts seiner Behauptung, ein gewisser Jesus sei noch am Leben. Ein Römer hätte sich schwer getan, in dieser Bemerkung ein religiöses Vergehen zu erblicken; vielmehr sind es die Christen selbst, die hier in der Terminologie des römischen Rechts (*quaestiones de sua superstitione habebant*) eine Einstellung formulieren, welche sie den Juden zuschreiben. In der Apostelgeschichte 17,22 hingegen spricht Paulus selbst: nachdem er in der Stadt auf einen »dem unbekannten Gotte« (*ignoto deo*) geweihten Altar gestoßen war, wendet er sich an den Areopag der Athener. Dieser Altar erscheint ihm offensichtlich als eine Vorankündigung des christlichen Kultes, und so lobt er die Athener, von denen er sagt, sie seien »besonders fromme Menschen«. Die griechische Version verwendet hier den Superlativ von *deisidaimon*, »derjenige, der die Götter fürchtet« – ein sehr zweideutiges Wort für die Christen, denn es enthält *daimon*, aus dem das Christentum schließlich »Dämon«

machte, »Diener des Teufels« ... Hieronymus übersetzte es mit *quasi superstitiores*, was ebenfalls eine gewisse Unsicherheit in der Formulierung verrät, so als ob er sagen wollte: gewiß, jene Athener erwarteten bereits Christus, doch Heiden bleiben Heiden ...!

Im Brief an die Kolosser (2,23) wendet sich Paulus dagegen an die Getauften. Statt sich formalistischen Speisevorschriften zu unterwerfen – »Berühre das nicht, iß nicht davon, faß das nicht an!« – oder sich mit übertriebener Frömmelei (*in superstitione*) das Leben schwer zu machen, fordert er sie auf, sich lieber an wahre Weisheit und christliche Demut zu halten. Der Buchstabe tötet, aber der Geist macht lebendig – mit dieser paulinischen Unterscheidung wird man in Zukunft (unter anderem) die Verurteilung »abergläubischer« Praktiken und Vorstellungen rechtfertigen.

Augustin: eine christliche Theorie der Superstitionen

Die Ausführungen des heiligen Augustin (354-430) über den »Aberglauben« lasteten bis zu Thomas von Aquin, sogar bis zu Jean-Baptiste Thiers, wie ein schweres Gewicht auf der christlichen Tradition: Augustin ist der große Theoretiker des »Aberglaubens«. Seine Lehre nimmt ihren Ausgang von zwei zentralen Ideen.

Zum einen werden die Superstitionen als Reste von Glaubensvorstellungen und Praktiken angesehen, welche mit der Inkarnation des Erlösers und der Heraufkunft des Christentums im Prinzip außer Kraft gesetzt sind. Dies betrifft in erster Linie jene »Reste«, welche die christlichen Autoren allgemein als Götzendienst (Idolatrie) bezeichnen: neben der Verehrung von eigentlichen Götzenbildern (Idolen) bezeichnet dieser Begriff vor allem jede Anbetung des Kreatürlichen, in menschlicher, teuflischer, natürlicher, künstlicher oder welcher Gestalt auch immer. Die Verdammung des »Aberglaubens« ist daher

3. Im antiken Athen, das der Künstler mit einem mittelalterlichen Mauerring umgeben hat, stößt der hl. Paulus auf einen Altar ohne Götzenbild, geweiht »dem unbekannten Gotte« (*Deo ignoto*). Der Apostel belehrt die heidnischen Philosophen über ihren »Aberglauben«: sie wissen nicht, daß dieser Altar für Christus bestimmt ist, der auch zu ihrer Erlösung auf die Erde herabgestiegen und gestorben ist. Paulus bekehrt bei dieser Gelegenheit Dionysios Areiopagites, den legendären Gründer der Königsabtei St. Denis.
(*Vie de saint Denis*, 1317, »Paulus in Athen«)

vor allem im Sinne des ersten der zehn Gebote zu verstehen: »Du sollst keine anderen Götter neben mir haben« (Exodus 20,3).

Problematisch erschien dem Christentum allerdings auch das Fortleben der Vorschriften der jüdischen Religion, die in den Augen der Kirche nicht weniger hinfällig waren, auch wenn die Christenheit dem Gesetz des Alten Testaments bis zu einem gewissen Grade verpflichtet blieb. Bereits in den Anfängen des Christentums, auf dem sogenannten »Apostelkonzil« (49-50), wurde beispielsweise gefragt, ob die Beschneidung eines Christen rechtmäßig sei. Die Frage wurde verneint, und die Beschneidung in der Folge als ein »abergläubischer« Brauch angesehen. Die *Statuta ecclesiae antiqua*, eine um 475 in Gallien zusammengestellte Kirchenrechtssammlung, die bis ins 12. Jahrhundert in der kanonischen Literatur als Autorität zitiert wurde, betonten ausdrücklich den Unterschied zwischen dem »Aberglauben« der Wahrsager und Zauberer – also jenen Formen fortlebenden Heidentums, um die es uns hier vor allem geht – und den jüdischen Bräu-

4. Augustin war der Vater der mittelalterlichen Aberglaubenstheorie. In der neuen »Stadt Gottes« war kein Platz mehr für Idolatrie oder Reste antiker *superstitiones*. Kleriker – man beachte ihre schulmeisterlichen Gebärden – versuchen die Götzendiener von ihrem Irrtum zu überzeugen.
(Augustin, *Cité de Dieu*, 1376)

chen. In karolingischer Zeit schrieb der Erzbischof Agobard von Lyon nicht nur einen Traktat »Über den Aberglauben der Juden«, in dem er unter anderem die Christen gegen den von jüdischer Seite erhobenen Vorwurf des Götzendienstes in Schutz nimmt, sondern gleichzeitig auch eine Abhandlung »Gegen den Aberglauben derjenigen, die die Verehrung der Gemälde und Bilder der Heiligen für notwendig halten«: nun sind es die byzantinischen und römischen Anhänger des Bilderkultes, denen Agobard vorwirft, die Götzenverehrung der Antike fortzuführen ...

Die zweite grundlegende Idee Augustins besteht darin, den Komplex des »Aberglaubens« mit der Dämonologie zu verknüpfen. Dies sollte eine folgenreiche Verbindung werden: angefangen bei der Denunziation »abergläubischer« Praktiken als fortlebendes Heidentum (wie sie vor allem im Frühmittelalter üblich war) bis hin zur Hexenverfolgung des ausgehenden Mittelalters – die Verführung durch den Teufel war nach Ansicht der Kirche die wichtigste Ursache, welche die Menschen zur Sünde anstachelte. Die griechischen und lateinischen Kirchenväter haben die ältesten Dämonenvorstellungen, die teils griechisch-römischer, teils jüdischer Provenienz waren, in eigener Sache abgewandelt und vereinheitlicht, um ihnen dann innerhalb der christlichen Religion eine Schlüsselfunktion zuzuweisen. In der jüdischen Tradition fand das Christentum die mythischen Erzählungen vom Ursprung des Bösen, in der Philosophie des Hellenismus eine systematische Reflexion über die Natur der Dämonen.

Der Teufel und die Superstitionen

Der Teufel an sich ist ein spätes mythisches Produkt, eine im wesentlichen christliche Erfindung. Im Alten Testament erscheinen teufelsähnliche Gestalten nur gelegentlich und ohne scharfes Profil. Die Schlange des Schöpfungsberichtes ist nur ein Geschöpf Gottes unter anderen: sie »war schlauer als alle Tiere des Feldes« (Genesis 3,1). Die »Verteufelung« dieser Schlange vollzieht sich erst im Buch der Weisheit 2,24 (im 1. Jahrhundert v. Chr.); sie wird von der Offenbarung des Johannes und der nachfolgenden christlichen Tradition übernommen. In den ältesten Schriften der Bibel sucht man vergeblich einen besonderen »Herrn des Bösen«: »das Böse« oder »der Böse« sind eine Erscheinungsform der Allmacht Jahwes, die dieser wählt, wann und

wenn es ihm beliebt – eine Art Verdoppelung der Gottesfigur. Im Buch Hiob (verfaßt im 5. Jahrhundert v. Chr.) ist es Gott selbst, der seinen treuen Diener auf die Probe stellt; »Satan« – eine Bezeichnung, die noch nicht als Eigenname, sondern als Gattungsbegriff verstanden wird – fungiert nur als sein Werkzeug. Auch im 2. Buch Samuel (11, 21), das noch einige Jahrhunderte früher (im 10. Jahrhundert v. Chr.) entstand, übernimmt Jahwe selbst den teuflischen Part: zuerst, in flammenden Zorn gegen die Israeliten, veranlaßt er David, sein Volk zu zählen, um ihm anschließend gerade dieses vorzuwerfen und das Volk zu bestrafen. Als dann dieselbe Erzählung im 3. Jahrhundert vor Christus in dem Buch der Chroniken wiederauftauchte, ist es nicht mehr Jahwe, sondern »Satan«, der David zum Sakrileg einer Volkszählung verleitet hat; hier erscheint »Satan« – »Widersacher« in seiner ursprünglichen Bedeutung – zum ersten Mal als Eigenname.

In der apokryphen jüdischen Literatur des 3. bis 1. Jahrhunderts v. Chr., also immer noch in der »vorchristlichen« Epoche, finden sich schließlich jene beiden berühmten Mythen, die den Ursprung Satans und des Bösen mit der Erzählung vom Sturz der Engel verbinden.

Die beiden Mythen vom Ursprung des Bösen

Im ersten Mythos ereignet sich dieser Sturz unmittelbar im Anschluß an die Schöpfung. Es handelt sich um eine der merkwürdigsten Erzählungen der Genesis (6,1-4): die »Gottessöhne« – die spätere Tradition wird in ihnen »gefallene Engel« erblicken – steigen auf die Erde herab, um sich mit den »Menschentöchtern« zu vereinen. Ihre geschlechtliche Vereinigung bringt Riesen hervor. Das Buch Henoch schließt hier an und erzählt, daß Gott die Menschen durch eine Sintflut bestraft

---

5. Es war Satan selbst, der Gott die schweren Prüfungen seines Dieners Hiob vorgeschlagen hat: zuerst verliert dieser alle Kinder beim Einsturz seines Hauses, dann sterben ihm Viehherden und Kamele, Geschwüre bedecken seinen ganzen Körper und er flüchtet sich schließlich auf einen Aschenhaufen, von dem ihn ein Engel fortzuziehen sucht (dargestellt rechts unten). Satan erscheint hier nicht als der Gegenspieler Gottes, sondern als sein Gehilfe. In dieser Illustration des biblischen Hiob-Berichts (1,18-19) gesteht man Satan sogar einen Platz innerhalb der göttlichen Mandorla zu, doch unbekannte Benutzer der Handschrift haben seine Figur teilweise wieder ausradiert – schlagender Hinweis auf Ambivalenz und Bedrohlichkeit der Satansgestalt im Mittelalter. (12. Jahrhundert, Erlangen, Universitätsbibliothek)

und die gefallenen Engel bis zum Jüngsten Gericht in tiefster Finsternis eingeschlossen habe. Die Riesen hingegen hätten Dämonen gezeugt, die den Söhnen Noahs seit der Sintflut eine unaufhörliche Plage seien und sie zu Götzenopfern verführten.

Wir haben es hier also mit einem Mythos zu tun, der die Genealogie des »Heidentums« und damit gleichzeitig auch den Ursprung des »Aberglaubens« erzählt. Um 430-435 bedient sich Johannes Cassian, ein aus dem Orient gekommener Mönch, der in Marseille das Kloster von St. Viktor gegründet hatte, in seinen *Collationes patrum* einer leicht veränderten Version dieses Mythos, um die Ursprünge der Magie zu erklären: das Naturwissen des ersten Menschenpaares sei nach dem Sündenfall auf Seth, ihren drittgeborenen Sohn, übergegangen; seine Nachkommen seien die »Engel« oder »Gottessöhne«, wohingegen die Nachkommen Kains, der den zweitgeborenen Abel auf dem Gewissen hatte, »Menschensöhne« genannt würden. Bei der Vereinigung der beiden Geschlechter seien die Nachkommen Seths von der Verkommenheit der Kainsleute angesteckt worden: so seien »die Versuchungen der Dämonen, der böse Zauber, die magische Kunst und der Aberglauben« entstanden.

Als Gott die Menschen indes durch die Sintflut bestrafte, habe ein Sohn Noahs, Cham, dieses magische Wissen bewahren und seinerseits an seinen ältesten Sohn, Chus, weitergeben können. Dieser beschäftigte immer wieder die Phantasie mittelalterlicher Autoren, von Gregor von Tours am Ausgang des 6. Jahrhunderts bis zu Hugo von St. Viktor im 12. Jahrhundert: Chus, so liest man in der Frankengeschichte des Gregor von Tours (I,6), habe in Asien die magische Kunst und die Idolatrie erfunden und sei in Wirklichkeit kein anderer als Zoroaster oder Zarathustra.

Solche entfernten narrativen Ausläufer des Schöpfungsberichtes überlagern sich in der christlichen Tradition mit jenem anderen Ursprungsmythos des Bösen, der den Fall der Engel vor die Erschaffung des Menschen datiert. Der Mythos vom Engelssturz taucht bereits in apokryphen Texten des 1. Jahrhunderts auf und wird dann von griechischen und lateinischen Kirchenvätern übernommen: für Augustin (*De civitate Dei*, Bücher 8 u. 14) und für Gregor den Großen (*Moralia in Job*, Kap. 30) war Satan der erste der »Engel des Lichts«: weil er sich in seinem flammenden Hochmut auf eine Stufe stellen wollte mit seinem Schöpfer, stürzten er und seine Gefährten in finsterste Abgründe. Mit diesem Fall setzte die Menschheitsgeschichte ein, denn

Gott erschuf nun die Menschen, die im Paradies die von gefallenen Engeln frei gelassenen Sitze einnehmen sollten. Satan jedoch setzte in seinem bösen Groll alles daran, Adam gegen seinen Schöpfer aufzubringen. Niemand anders als Satan selbst verbirgt sich hinter der versucherischen Schlange des Schöpfungsberichtes, und er läßt seither nicht davon ab, die Menschen zu Sünde, Götzendienst und diversen Superstitionen anzustacheln.

Die Natur der Dämonen

Diese mythischen Erzählungen reicherten die Kirchenväter nun mit weiteren Elementen an, wie man sie in der (zuerst heidnischen, später christlichen) Philosophie des Neoplatonismus findet, besonders in jener des Pseudo-Dionysius, der im 5. Jahrhundert ein Werk mit dem Titel *De coelesti hierachia* verfaßte. Jene Theorie, nach der die Dämonen an der kontinuierlichen Erschaffung des Universums mitwirkten, konnte das Christentum nicht akzeptieren: zwischen der Trinität, der einzigen Schöpferkraft, und den Engeln, jenen unsterblichen, aber »geschaffenen« Wesen, schuf es eine unüberbrückbare Kluft. Weiterhin setzte seine Erklärung vom Ursprung des Bösen eine Unterscheidung zwischen den guten und den bösen, d.h. »gefallenen« Engeln voraus. Die Bezeichnung »Dämon« nahm daher einen ausschließlich negativen Sinn an. Schließlich unterwarf das Christentum die Welt der bösen Geister einer hierarchischen Ordnung: der ranghöchste unter ihnen, der Teufel (*diabolus* – »der mit gespaltener Zunge spricht«, der »Herr der Lüge«) wird ihr Anführer, ihr Haupt. So lehrt als erster, im 3. Jahrhundert n. Chr., Tertullian; ihm schließen sich Hieronymus (in seiner Bibelübersetzung) und auch Augustin an: der Bischof aus Hippo wird dem Teufel endgültig ein Gesicht, eine christliche Identität verleihen.

In seiner Abhandlung »Über die Divination der Dämonen« (*De divinatione daemonum*), verfaßt zwischen 406 und 411, führte Augustin aus, inwiefern den Dämonen aufgrund ihrer ursprünglich engelhaften Natur gewisse übernatürliche Fähigkeiten belassen worden seien. Erschaffen im Anfang der Welt, lange vor der Menschheit, verfügen sie über einen weit zurückreichenden Erfahrungsschatz und ein immenses Wissen. Sie haben ätherische Körper, die weder eigentlich materiell noch völlige Geistleiber sind und kraft derer sie sich mit ei-

6. Die mittelalterlichen Autoren – und so auch im 9. Jahrhundert Remigius von Auxerre – verdanken ihre Kenntnisse der antiken Mythologie den Mythographen der
Spätantike wie Fulgentius oder Martianus Capella. Die Illustrationen der Handschriften orientieren sich an ihren gelehrten Beschreibungen, doch die verschiedenen Götter
lassen sich nur noch mit Hilfe der Beischriften identifizieren: Kybele, die »Göttermut-
ter«, auf ihrem Wagen mit ihren Cymbala und dem heiligen Baum des Attis; Apollo
mit einer Sonnenkrone und einer Schale, in der sich merkwürdigerweise die drei Gra-
zien befinden; Jupiter mit der Eiche von Dordona und dem prophetischen Raben;
ganz rechts schließlich Saturn, dessen Haupt mit einem großen Schleier umgeben ist.
(Remigius von Auxerre, Kommentar zu *De nuptiis Mercurii et Philologiae* v. Martianus Capella, 12. Jahrhundert, München, Bayer. Staatsbibliothek)

ner phantastischen Geschwindigkeit fortbewegen können (»viel schneller noch als der Lauf der Menschen oder wilder Tiere oder sogar der Vogelflug«). Dank ihrer feinen und subtilen Natur vermögen sie sich überall einzuschmuggeln, besonders in Körper und Geist des Menschen. Aufgrund all dieser Eigenschaften besitzen sie auch prophetische Fähigkeiten: daher gelingt es ihnen immer wieder, uns Menschen zu beeindrucken, da wir im Gegensatz zu ihnen stets an die Schwerfälligkeit irdischer Sinne, die Kürze unserer Existenz und die Beschränktheit unserer Erinnerung gebunden bleiben.

Ohne im eigentlichen Sinne Neues schaffen zu können (dies vermag nur Gott), sind die Dämonen doch ganz außergewöhnlich kunstfertig und geschickt: so erklärte sich jedenfalls das Mittelalter ihre Disposition zu teuflischen »Machenschaften« (*machinationes*). Sie verfügen über »die Macht, Krankheiten zu verbreiten oder die Luft zu verpesten«, besonders aber über die Fähigkeit, im menschlichen Geist »phantastische Erscheinungen zu erzeugen, sowohl im wachen Zustand, als auch im Schlaf«. Sie sind die Herrscher im Reich der Träume – für das Mittelalter Grund genug, dem Phänomen des Traumes mit großer Skepsis zu begegnen.

Die Aussagen Augustins blieben für die nachfolgende dämonologische Tradition die maßgebliche Theorie, bis hin zu den großen Kanonisten des Hochmittelalters (Ivo von Chartres, Gratian) und zur scholastischen Theologie (Thomas v. Aquin). Unter dem Einfluß Augustins verstand sich die mittelalterliche Dämonologie vor allem als eine »Psychologie des dämonischen Handelns«: unfähig zur Erzeugung von Materie, setzen die Dämonen Bilder frei, wirken auf die menschliche Imagination und produzieren darin nichtige und leere Phantasien. Zwar können der Teufel und seine Dämonen zuweilen auch irren (denn durch die Allwissenheit Gottes sind ihnen Grenzen gesetzt), doch fast immer sind sie dem schwachen menschlichen Geist überlegen; es genügt, daß sie ihre lügenhaften Behauptungen mit einigen Brocken Wahrheit anreichern, um ihre Opfer zu täuschen und für ihre Zwecke zu mißbrauchen.

Der Ursprung des Teufelspaktes

Die Versuchungen und die Täuschungsmanöver der Dämonen verschonen niemanden, nicht einmal die Vollkommensten unter den

Sterblichen, die Heiligen. Die Menschen können jedoch ihrerseits aktiv werden, um mit den Dämonen in Kontakt zu treten: »Einige, angetrieben vom Laster oder der Neugierde, oder aus Liebe zu falscher und irdischer Glückseligkeit, oder aus Streben nach weltlichem Vorteil, hielten die Dämonen für wert, daß man ihnen Dienste leiste und göttliche Ehren erweise«. So kann es zu einer Art Kommunikation zwischen Menschen und Dämonen kommen.

Augustin verbindet seine Dämonologie mit jener Erkenntnistheorie, die er zwischen 396 und 426 in seinem Hauptwerk *De doctrina christiana* entwickelt hat. Diese »christliche Lehre«, Zusammenschau aller Wirklichkeitsbereiche im Geiste Ciceros und der Bibel, ist für das mittelalterliche Christentum zu einem kanonischen Text geworden.

Die Wirklichkeit zerfällt für Augustin in zwei unterschiedliche Realitäten: in Dinge (*res*) und in Zeichen (*signa*), wobei letztere definiert sind als Dinge, deren Bedeutung sich nicht auf ihre äußere Erscheinung reduzieren läßt. Es gibt zwei Arten von Zeichen: natürliche Zeichen (Rauch als Zeichen dafür, daß es irgendwo brennt) und konventionelle Zeichen (beispielsweise Sprache, Schrift, Musik). Alle existierenden Wesen bedienen sich konventioneller Zeichen, nicht nur Menschen und Tiere, sondern auch Engel und Dämonen, und nicht zuletzt auch Gott selbst. Manche konventionellen Zeichen sind notwendig, andere jedoch sind überflüssig oder sogar unheilvoller Natur: es handelt sich um *superstitiones*, um jene konventionellen Zeichen, derer sich die Menschen bedienen, um mit den Dämonen zu kommunizieren: »Aberglauben ist alles, was die Menschen erfunden haben, um Abgötter zu formen und diese zu verehren, oder einer Kreatur oder dem Teil einer Kreatur einen Kult darzubringen, als ob es sich um Gott handele, oder die Dämonen zu befragen und mittels gewisser Zeichen günstige Verträge und Pakte abzuschließen (*pacta quaedam significationum cum daemonibus placida atque foederata*), so wie es jene versuchen, welche die magische Kunst praktizieren« (11,20).

Der Volkskundler Dieter Harmening hat völlig zu Recht die Bedeutung jener augustinischen *pacta significationum* unterstrichen: es handelt sich um die älteste Erwähnung eines Dämonenpaktes. Erst die hochmittelalterliche Scholastik freilich wird diesen Begriff genauer definieren, oder besser, umdefinieren, insofern nämlich dann die Dämonen durch die nicht minder gefürchtete Gestalt des Teufels ersetzt werden.

Augustin hat auch eine Art Inventar jener abergläubischen Praktiken erstellt, die der Christ »meiden und verachten« soll: es handelt sich um magische »Verbände [Ligaturen] und Heilmittel«, die auch von den Ärzten abgelehnt wurden, d. h. um Beschwörungsformeln und Amulette, mittels deren man in einen verborgenen oder offenen Kontakt mit den Dämonen treten wollte: daneben enthält es aber auch diverse astrologische Praktiken und schließlich jede Art von »abergläubischen« Bräuchen und Techniken, die allesamt verurteilt werden: »gewisse Ohrgehänge; Fingerringe aus Straußenknochen; die Geste, die gegen den Schluckauf empfohlen wird, nämlich den linken Daumen mit der rechten Hand zu halten; die Interpretation eines zuckenden Körpergliedes als schlechtes Vorzeichen; der Glaube, die Freundschaft zwischen zwei Personen sei in Gefahr, wenn sie gegen einen Stein, ein Kind oder einen Hund stoßen; die Gewohnheit, an die Türschwelle zu poltern, bevor man ein Haus betritt; der Brauch, sich wieder ins Bett zu legen, wenn man beim Anziehen der Schuhe niesen mußte; die Besorgnis, daß Mäuse die Schuhe anknabbern« etc. Auch die Feen (*fata*) finden dank Augustin Eingang in Vokabular und Bildwelt der Christenheit. Alle diese Zeichen, und noch viele andere, stiften eine Art Komplizenschaft, eine Kommunikation zwischen Menschen und Dämonen. Bis zum Ausgang des Hochmittelalters (12. u. 13. Jahrhundert) wird die mittelalterliche Tradition immer wieder (und zuweilen wortgetreu) die augustinischen Thesen und Beispiele zitieren.

II

Vom Heidentum zum »Aberglauben«

Wenn die Kirche seit ihren Anfängen »abergläubische« Praktiken und Vorstellungen zu verdrängen suchte, so vor allem deshalb, weil sie darin ein Fortleben des Heidentums und den Beweis für eine dauernde Beherrschung des menschlichen Geistes durch Teufel und Dämonen sah. Die Art und Weise, in der die Kleriker des frühen Mittelalters die Superstitionen wahrnahmen und sie bekämpften, wurde jedoch auch wesentlich von den sozialen Begleitumständen der Annahme und Ausbreitung des Christentums bestimmt.

Als sich im 4. und 5. Jahrhundert die kirchliche Führungsschicht mit der gallorömischen, grundherrlichen Aristokratie zusammenschloß, vergrößerte diese Fusion noch die soziale Kluft zwischen einer privilegierten, aber zahlenmäßig kleinen Oberschicht und der großen Masse des Volkes. Die Mittelschichten, die aus Handwerkern bestanden und vor allem in den Städten angesiedelt waren, verloren immer mehr an Einfluß; hatten gerade sie maßgeblich zu den ersten Erfolgen des Christentums beigetragen, so wurden sie nun durch den Schrumpfungsprozeß der städtischen Wirtschaft materiell und sozial geschwächt. Zur gleichen Zeit gerieten aber auch die grundherrlichen Domänen der gallorömischen *villae* in eine Krise und überließen große Teile der Landbevölkerung einem elenden Schicksal. In dieser Situation gewannen die ältesten religiösen Traditionen, die noch vor die Einführung der römischen Religion zurückreichten und die zum Teil keltischen Ursprungs waren, wieder an Einfluß und Vitalität. Der kirchliche Propagandafeldzug gegen ein fortlebendes Heidentum, wenn auch bestimmt von vorgefertigten ideologischen Mustern und daher unfähig zur Unterscheidung zwischen den verschiedenen historischen Schichten des Paganismus, hatte daher einen gewissen objektiven Hintergrund.

Aufgrund ihrer klassischen Bildung waren die Bischöfe mit den Namen der heidnischen Götter gut vertraut. Doch in den Augen der Prälaten waren diese Götter gefährliche Dämonen, desto gefährlicher, je weiter man sich von den Bischofsstädten – den letzten Bollwerken der Zivilisation, entfernte. Der ideologische Stadt-Land-Gegensatz kommt klar zum Ausdruck in den Begriffen *urbani* (Städter) und *rustici* (Landleute, Bauern), vor allem aber in der Bedeutungsentwicklung der Bezeichnung *paganus*: im Französischen wurde daraus einerseits *paysan* (Bauer), andererseits *païen* (Heide). »Abergläubische« Praktiken und Vorstellungen grassierten nicht nur auf dem Land, doch vermochten sie sich dort am hartnäckigsten zu behaupten – gegen alle kirchlichen Versuche, sie auszurotten. Heute noch, so klagte im 9. Jahrhundert Agobard von Lyon, ist der »Aberglauben« bei den Bauern weit verbreitet (*hodierna durat in rusticis*). Bis zur industriellen Revolution, welche das Gesicht des Landes tiefgreifend verändern sollte, werden solche Töne nun immer wieder laut werden ...

Vom Wunderglauben zur Seelsorge

Auch wenn die christlichen Autoren der Ansicht waren, daß heidnische Elemente als »Aberglauben« fortlebten, so ging man doch nicht von einer Kontinuität, von einem fließenden Übergang zwischen Heidentum und »Aberglauben« aus. Beide galten vielmehr als zwei verschiedene Phänomene, die dementsprechend auch unterschiedlich zu behandeln waren. Für die Heiden war eine regelrechte »Bekehrung« vorgesehen, und diese Aufgabe kam dem Heiligen zu, vor allem dem heiligen Bischof: dieser stiftete zuerst mit einigen spektakulären Wundern Verwirrung unter den Götzenanbetern, um sie dann für den neuen Glauben zu begeistern und massenhaft zur Taufe zu führen.

Die zweite Strategie betraf jene Menschen, die bereits offiziell als Christen angesehen wurden, welche in den Augen der Kleriker aber nach wie vor heidnischen Traditionen anhingen. Nicht der heroische Kampf eines Heiligen war hier gefordert, sondern – weniger dramatisch, aber nicht minder mühsam – die geduldige seelsorgerliche Arbeit. Das Modell lieferte der Bischof Caesarius von Arles († 542): Aufgabe des Bischofs war es, unermüdlich gegen »abergläubische« Vorstellungen und Praktiken zu predigen, die entsprechenden Vorschriften auf der alljährlichen Synode auch dem Klerus einzuschärfen und

gegebenenfalls die Strafen anzuwenden, die in den sogenannten »Bußbüchern« vorgesehen waren (hierbei handelte es sich um ein Verzeichnis jener Buß- und Fastenleistungen, die sich ein Sünder je nach der
Schwere seines Vergehens und seinem sozialen Status einhandelte;
Kleriker beispielsweise wurden härter bestraft als Laien).

Der »Aberglauben« im engeren Sinne war nur von der zweiten Strategie tangiert, insofern sich diese an Getaufte und nicht mehr an Heiden wendete. Doch der Kampf gegen das Heidentum ging dem »seelsorgerlichen« Vorgehen nicht einfach nur zeitlich voraus, sondern
formte auch die Art und Weise, in der man »abergläubische« Vorstellungen und Praktiken wahrnahm, und beeinflußte daher weiterhin die
Einstellung und das Verhalten der Kleriker im Kampf gegen den
»Aberglauben«. Daß wir hier auch die Bekehrung der Heiden behandeln, entspringt also nicht bloß einer obligatorischen »Suche nach den
Ursprüngen«; es geht uns bei der Analyse der Heidenbekehrung vielmehr um den Modellcharakter dieser Vorgänge und um ihre realen
Folgewirkungen.

Geht man von einer relativen Chronologie aus, die selbstverständ-
lich nicht in allen Regionen dieselbe sein kann, so zeichnen sich zwei
Etappen kirchlicher Aktivität ab. Ihnen entsprechen zwei unterschiedliche Typen von Quellentexten, von denen jeder seine eigenen
Gattungsgesetze aufweist: einerseits die Hagiographie, die man als einen mythischen Diskurs über die Ursprünge der christlichen Zivilisation und ihres Glaubens lesen kann; andererseits die Texte der Seelsorge, in der es um die alltägliche Auseinandersetzung des Klerus mit
abergläubischen Praktiken und Vorstellungen geht. Doch es ist ein
schwieriges Unterfangen, die beiden Vorgänge eindeutig voneinander
zu unterscheiden.

Die Heidenbekehrung: ein Modell

Die Hagiographen, die über den heroischen Kampf eines Heiligen gegen die Götzenverehrer berichteten, hatten einen Text, an dem sie sich
orientieren konnten: die Lebensbeschreibung des heiligen Martin, die
um 397, also nur kurze Zeit nach dem Tode des heiligen Bischofs von
Tours, von Sulpicius Severus verfaßt wurde. Auch Constantius von
Lyon, der im darauffolgenden Jahrhundert (448) die Lebensbeschreibung des heiligen Germanus von Auxerre verfaßt (ebenfalls nur kurz

nach dessen Tode), steht in dieser Tradition. Die nachfolgenden hagiographischen Texte sind jedoch in einem größeren zeitlichen Abstand zur Lebenszeit ihrer »Helden« verfaßt: über die direkte Konfrontation des Heiligen mit der heidnischen Bevölkerung berichten die Hagiographen jetzt nicht mehr als Augenzeugen, sondern als Historiker. Erst um 576 oder später verfaßt beispielsweise Venantius Fortunatus das »Leben des heiligen Marcellus von Paris«, der im Jahre 436 gestorben war. Vor allem ist hier Gregor von Tours († 594) zu nennen, der neben seiner »Frankengeschichte« auch eine Kompilation von Lebensbeschreibungen heiliger Märtyrer und Bekenner verfaßte, die zwischen dem 2. und 4. Jahrhundert lebten. Sein Werk bietet eine Art heroische »Geschichte« der Evangelisierung Galliens, in denen kaum ein Name fehlt: die großen Vorkämpfer gegen den heidnischen Götzenkult sind die hl. Hilarius von Poitiers, Julianus von Brioude, Symphorianus und Simplicius von Autun, Benignus von Dijon und andere.

Überhaupt sind die merowingischen Heiligenleben, die Frantisek Graus einst in einer großangelegten Studie untersucht hat, außergewöhnlich ergiebig in bezug auf unser Thema. Zu nennen sind hier etwa die Viten des hl. Lucius, eines bretonischen Königes, der zur Bekehrung Rätiens, also der Schweiz, aufgebrochen war, der hl. Radegunde, der 587 in Poitiers gestorbenen Gattin Clothars I., des hl. Romanus von Rouen und seines Nachfolgers, des hl. Audoin († 684), die beide unnachgiebig den Kampf gegen die letzten Reste der Idolatrie im Seine-Becken führten. Seit dem siebten Jahrhundert scheint das Heidentum im fränkischen Königreich weitgehend beseitigt und die Aktivität der Bischöfe wendet sich nach Norden: der hl. Amandus († 647), dessen Vita erst aus dem 8. Jahrhundert stammt, wird durch König Dagobert und den Bischof von Noyon mit der Bekehrung der »wilden und heidnischen« Volksstämme beauftragt, die im heutigen Belgien leben; der hl. Eligius, von 641 bis 660 Bischof von Noyon, missioniert Flandern, dessen Bewohner der Hagiograph mit »wilden Tieren des Feldes« (*velut agrestes ferae*) vergleicht.

Im 8. Jahrhundert hat die Kirche ihre missionarische Aktivität von Westeuropa noch weiter nach Norden und in den Osten verlagert, nunmehr nachdrücklich unterstützt durch die fränkischen Herrscher: nach Friesland, Thüringen (Missionsgebiet des hl. Bonifatius), Sachsen, später in das Gebiet der Slawen und Magyaren; und es fehlte auch nie an Hagiographen, welche den Ruhm der heiligen Missionare und

neuen Apostel feierten. Die Normanneneinfälle des 9. Jahrhunderts
bedeuteten nichtsdestotrotz eine Art Rückfall: angesichts des barbari-
schen Heidentums der Invasoren war man oft gezwungen, wieder
ganz von vorne zu beginnen. So kann die Lebensbeschreibung des hl.
Martin von Vertou (bei Nantes) († 601?) wieder an jene heroischen
Muster anknüpfen, die einige Jahrhunderte früher von Sulpicius Severus etabliert worden waren.

Die Zerstörung der heidnischen Tempel und Götzenbilder

Die Themen und Motive dieser hagiographischen Texte sind mehr
oder weniger stereotyp. In erster Linie erscheint der Heilige als uner-
müdlicher Zerstörer der heidnischen Tempel (fana). Der hl. Martin
geht dabei so heftig zu Werke, daß beim Anzünden eines dieser Heiligtümer nur durch ein Wunder in letzter Minute verhindert werden
kann, daß das Feuer auch auf benachbarte Häuser übergreift. In Lev-
roux leistet die Bevölkerung Widerstand, und es sind zwei Versuche
notwendig, um »das gottlose Gebäude bis auf seine Grundmauern zu
zerstören und alle Altäre und Statuen in Rauch und Asche zu verwandeln«. Die hl. Radegunde, die Ähnliches versucht, sieht sich plötzlich
einer ganzen Heerschar heidnischer Franken gegenüber, die mit
Schwertern und Knüppeln bewaffnet sind; nur durch die Wunderkraft
ihres mitgeführten Kreuzes gelingt es ihr, den Trupp zu stoppen. Der
hl. Romanus, »der alle abgelegenen Orte seiner Diözese visitiert, findet schließlich an einem diabolischen Ort Heiligtümer von Merkur,
Jupiter und Apollon«, die er alsbald durch christliche Kirchen ersetzt.
    Innerhalb wie außerhalb dieser heidnischen Tempel waren die Göt-
zenbilder (Idole) das nächste bevorzugte Ziel der Heiligen, die sich bei
ihren Zerstörungen auf die alte jüdisch-christliche Tradition des Ver-
botes von Götzenbildern berufen konnten. Das Goldene Kalb aus
dem Buch Exodus feierte immer wieder seine Auferstehung, und jeder
Heilige erschien als ein neuer Moses ... In seinem »Liber de gloria
confessorum« (Kapitel 76) erzählt Gregor von Tours, wie der hl. Sym-
phorian von Autun einst durch ein einfaches Kreuzzeichen eine heidnische Prozession zu Ehren eines Götzenbildes der Göttin Berecynthia zum Stehen brachte, die Zugtiere des Umzugskarrens unbeweglich machte und das Idol selbst in Stücke zerschlug. Als die Heiden
feststellen mußten, daß die Göttin bzw. ihr Götzenbild trotz reichlich

gespendeter Opfer die Zugtiere nicht wieder in Bewegung zu setzen vermochte, kapitulierten sie vor der überlegenen Wundermacht (*virtus*) des Heiligen: sie willigten ein, sich taufen zu lassen. Gregor von Tours bringt diesen Berecynthia-Kult in Autun mit der Verehrung des Apollo und der Diana, die auch »Mutter der Dämonen« genannt wurde, in Zusammenhang. Er verweist jedoch auch auf die besondere Form eines Fruchtbarkeitskultes und bemerkt unter Verweis auf eine Passage aus der Martinsvita des Sulpicius Severus, daß es »ein Brauch der gallischen Bauern war, dämonische Götzenbilder unter weißen Tüchern verborgen um ihre Felder herumzuführen«.

Baum- und Quellkulte

Auch wenn es technisch gesehen ein aufwendiges Unterfangen war, einen Tempel und seine Götzenbilder zu zerstören, so hatten die heiligen Bischöfe letztlich doch größere Mühe mit der endgültigen Beseitigung der heidnischen Verehrung von Bäumen, Gewässern – Flüssen, Quellen, Seen – oder sogar Tieren: solche Naturkulte sollten zu einem bleibenden Thema im Kampf gegen den »Aberglauben« werden. Als die Heiden während einer derartigen Auseinandersetzung den hl. Martin nicht mehr am Fällen ihrer heiligen Kiefer hindern konnten, hofften sie wenigstens, der Baum werde auf den Bischof fallen und ihn erschlagen. Doch dieser Anschlag gegen Martin verkehrt sich in sein Gegenteil und wird zu einem Gottesurteil, in dem die christliche Wahrheit triumphiert: der umstürzende Baum wird wie durch ein Wunder plötzlich in die entgegengesetzte Richtung bewegt.

Ein heiliger Baum steht auch am Anfang der Bekehrung des hl. Germanus von Auxerre. Als passionierter Jäger pflegte er an jenem Baume regelmäßig die Häupter der von ihm erlegten Tiere aufzuhängen. Gott hatte jedoch dem Bischof Amator offenbart, daß dieser eingefleischte Heide einmal sein Nachfolger werden würde, und der Bischof ließ den besagten Baum während der Abwesenheit des Germanus fällen und seinen Stumpf niederbrennen; mehr noch, als Germanus protestiert und ihn zu töten droht, war Amator davon keineswegs beeindruckt, sondern läßt unseren Helden in eine Kirche bringen, wo er ihn einer Art Zwangstaufe unterwirft. So nimmt das Wunder seinen Lauf: vorherbestimmt zum Bischofsamt und zur Heiligkeit – beides war da-

7. Die Initalie D vergegenwärtigt die Geschichte vom Kampf des hl. Martin gegen die Verehrung einer »heiligen Kiefer«: die Heiden fällen sie in der Absicht, Martin zu töten. Die *virtus* des Heiligen vermag den umstürzenden Baum jedoch aufzuhalten und in die Richtung seiner Feinde zu wenden.
(12. Jahrhundert, Tours, Bibliothèque municipale)

mals miteinander verbunden – ist Germanus auf der Stelle von der Wahrheit des Christentums überzeugt.

Die Lebensbeschreibung des hl. Valerius vom Beginn des 7. Jahrhunderts berichtet, wie die Einwohner des normannischen Bresle-Tales (bei Eu), obwohl wahrscheinlich bereits getauft, einen enormen Baumstamm verehrten, den der Heilige schließlich in einer lebensgefährlichen Aktion abholzen ließ. Auch in der Vita des hl. Lucius wird ein »Wald des Mars« erwähnt, den die Viehhirten aufsuchen, um dort »Kälbern göttliche Ehren zu erweisen«.

Der See Helarius und der Kult des hl. Hilarius

»Im Gebiet der Gabalen, also in Gévaudan, so weiß Gregor von Tours zu berichten, gab es einen Berg namens Helarius mit einem großen See. An gewissen Tagen kam eine große Menge von Bauern daher und warf, gleichsam als Opfer, Wäschestücke und Männerkleidung in den See; andere gaben Wolltücher, Käse, Wachs oder verschiedene Sorten von Brot, das man in besonderen Formen gebacken hatte. Es wäre umständlich, alles aufzuzählen, jedenfalls opferte ein jeder nach seinen persönlichen Möglichkeiten. Manche kamen mit Karren voller Speisen und Getränke, opferten Tiere und schmausten drei Tage lang. Am vierten Tage, als man sich schon wieder zum Abstieg rüstete, kam plötzlich ein gewaltiges Gewitter mit Hagel auf, es donnerte und blitzte mächtig, und kaum einer glaubte, noch mit heiler Haut davonzukommen. So hielt es das einfältige Volk alle Jahre und machte keine Anstalten, von seinem Irrtum abzulassen. Es war schon viel Zeit verflossen, als ein Priester aus der Stadt, der Bischof geworden war, an den Ort kam und der heidnischen Menge in einer Predigt prophezeite, der Zorn Gottes würde sie alle verschlingen, wenn sie nicht von ihren üblen Bräuchen abließen. Doch in ihrer bäurischen Wildheit wollten sie diesen Worten unter keinen Umständen Folge leisten. So erbaute der Priester, unterstützt durch die Eingebung Gottes, am Ufer des Sees eine Kirche zu Ehren des hl. Hilarius von Poitiers und deponierte dort dessen Reliquien; daraufhin sprach er zum Volk: »Hütet euch, meine Kinder, hütet euch, im Angesicht Gottes zu sündigen. In diesem Gewässer gibt es nichts, was heilig wäre (religio). Beflecket nicht eure Seelen in einer nichtswürdigen Zeremonie, sondern leistet endlich Gott und seinen Freunden die Anerkennung, die ihr ihnen schuldig seid. Eilet also herbei zur Verehrung des hl. Hilarius, dessen Reliquien hier ihre Ruhestätte haben. Nur er kann in Wahrheit die Barmherzigkeit des Herrn für euch erbitten«. Da wurden die Menschen endlich in ihren Herzen aufgerüttelt, bekehrten sich und ließen ab von der Verehrung des Sees; alles, was sie bisher dem Gewässer geopfert hatten, brachten sie nun in die Basilika. So besiegte sie der Heilige und befreite sie von ihrem Irrtum. Und seit der Zeit, in der man die heiligen Reliquien an diesem Ort niedergelegt hatte, bleibt der besagte See von Unwettern verschont, und nie wieder konnten Gewitter jenem Volk, das nun Gott gehörte, irgendeinen Schaden zufügen.«

Die heidnischen Priester

Im allgemeinen (und so auch in diesem Fall) erscheinen die Heiden nur als eine amorphe Masse, welcher der Heilige in heroischer Ein-

samkeit gegenübersteht. Gelegentlich war der Mann Gottes auch mit
den Priestern eines heidnischen Lokalheiligtums konfrontiert: *anti-
stes loci* nennt Sulpicius Severus diesen heidnischen Klerus in der Episode über die gefällte Kiefer. In einem ähnlichen Bericht aus der Vita
des hl. Eligius bilden die heidnischen Priester eine Gruppe lokaler
Notabeln (*praestantiores loci*), die zur Familie des neustrischen Haus-
meisters Herchenoaldus gehören. Als Eligius ihnen die Sommersonn-
wendfeier untersagen will, wendet sich ihr Ältester mit folgenden
Worten an den Heiligen:

> »Hör zu, Römer, erzähl' uns deine Geschichten, so oft es dir beliebt. Wir werden
> trotzdem unsere Bräuche nicht aufgeben, sondern unsere Feste so feiern, wie wir es bis
> heute immer getan haben. Diese alten Spiele, die uns so teuer sind, kann uns niemand
> auf der ganzen Welt verbieten.«

In der hagiographischen Tradition steht die direkte Konfrontation
zwischen dem Heiligen und den Heiden oft unter dem Vorzeichen der
Gewalt. Denn Gewalt ist im Spiel sowohl auf Seiten der Heiden (welche den Heiligen töten wollen, um nicht von ihm besiegt zu werden),
als auch auf Seiten Gottes (der seine Allmacht durch Wundertaten offenbart und jene Zusammenstöße zu regelrechten Gottesurteilen werden läßt), schließlich aber auch auf Seiten des Heiligen (der die Tempel
anzündet, die heiligen Bäume niederbrennt, die Götzen von ihren
Sockeln stößt). Doch konnten die heidnischen Bräuche auf solche
Weise wirklich beseitigt werden? Die Kirche selbst bezweifelte die Ef-
fizienz allzu rabiater Methoden; sie ging oft weit vorsichtiger und be-
dächtiger zu Werke, als es die »heroischen« Topoi der Hagiographie
vermuten lassen. Entweder waren es die realen Kräfteverhältnisse, die
sie zwangen, mit der angestammten Kultur und den örtlichen Brauch-
tümern einen Kompromiß zu schließen, oder aber sie vermied es ganz
bewußt, den heidnischen Kult in einem einzigen Gewaltakt auszurotten, und versuchte vielmehr, diesem eine christliche Form zu geben.

Die Geschichte des hl. Marcellus und des Drachens der Bièvre-
Sümpfe (am linken Seine-Ufer, wo im Verlaufe des Mittelalters der Pa-
riser Stadtteil Saint-Marcel entstand) erzählt von einem solchen Kom-
promiß. Das älteste Zeugnis für diesen Drachen findet sich in einer
Passage der Vita des hl. Germanus v. Auxerre, geschrieben von
Venantius Fortunatus im 6. Jahrhundert. Daß der Drachen nicht von
Anfang an als negatives Symbol aufgefaßt wurde, sondern daß sich
eine solche Auffassung erst nach und nach entwickelte, hat Jacques Le
Goff herausgearbeitet. In kirchlichen Kreisen dominierte während

des Frühmittelalters entweder eine Art »wissenschaftlicher« Interpretation des Drachens, wie sie die antiken Naturgeschichten (vor allem Plinius) überlieferten, oder jene ambivalente Sichtweise der Volkskultur, die den Drachen als einen örtlichen Schutzgeist (*genius loci*) betrachtete, der zwar gefürchtet wurde, dessen Macht aber durch gewisse Zeremonien besänftigt werden konnte. Die Hagiographen kamen nicht umhin, diese volkstümlichen Vorstellungen in ihrer Darstellung zu berücksichtigen: es ist bezeichnend, daß der hl. Marcellus den Drachen nicht tötet, sondern ihn bloß zähmt. Dies ist kein Einzelfall: dasselbe hagiographische Motiv kehrt wieder in den römischen Legenden über die heiligen Päpste Sylvester und Gregor den Großen und die Drachen des Tiber, und eine ganze Zeit später in der Legende der hl. Martha, gleichzeitig dem Gründungsmythos von Tarascon. Der Heilige ist zu einem Kompromiß gezwungen und muß auf die Anwendung von Gewalt verzichten. Andererseits beschränkt sich seine Tätigkeit an diesen unwirtlichen Orten nicht auf die Verbreitung des Evangeliums. Der Heilige ist auch ein Kulturbringer, ein Heros der Zivilisation; er stellt seine numinosen Kräfte in den Dienst einer Bändigung und Kultivierung der wilden Natur (in Paris gründet er beispielsweise eine neue Vorstadt). In anderen Fällen ist die Suche nach einem Kompromiß noch eindeutiger: wenn die heiligen Gottesmänner einen heidnischen Kult nicht völlig beseitigen konnten, so begnügten sie sich mit dessen Christianisierung, ließen seine Verwurzelung in Raum und Zeit, manchmal sogar seine kultischen Formen unangetastet.

Die Umwandlung einer heidnischen Kulttradition in eine christliche betraf also mehrere Aspekte: christianisiert wurden nicht nur Orte (Lokalitäten), sondern auch Zeiten (Festdaten) und Bräuche (Praktiken). Diese Methode der »Christianisierung« oder »Umwidmung« findet sich übrigens in einem offiziellen kirchlichen Schreiben explizit formuliert. Papst Gregor der Große hatte dem Erzbischof Mellitus von Canterbury ausdrücklich empfohlen, er solle die Götzenbilder zwar zerstören, jedoch »das Wasser weihen, die (ehemaligen heidnischen) Tempel damit besprengen, Altäre in ihnen errichten und Reliquien dort deponieren«. Dieser »Brief an Mellitus« wird von Beda in seiner »Angelsächsischen Kirchengeschichte« (vollendet 731) zitiert und galt noch im 10. Jahrhundert dem Erzbischof Herveus von Reims als eine Autorität. Der Erzbischof von Rouen hatte bei ihm um Rat nachgesucht wegen der Bekehrung der heidnischen Normannen seiner Diözese. In seinem Antwortschreiben zitierte Herveus Gregors berühmten Brief: »Wenn man den Gipfel eines hohen Berges erklimmen will, dann soll man nicht auf dem direktesten Weg hochklettern, sondern besser Serpentinen benutzen.«

Die Auffassung, daß eine Bekehrung im Hauruck-Verfahren nicht unbedingt die beste Lösung bzw. allein nicht ausreichend sei, wird auch von der Hagiographie vollauf geteilt. Sulpicius Severus schrieb einst über den hl. Martin: »An den Stellen, wo er einen heidnischen Tempel zerstört hatte, errichtete er sogleich Kirchen und Klöster«. Im bereits zitierten Fall des Berges Helarius und der dem hl. Hilarius geweihten Kirche wollte der Bischof von Javols sich offensichtlich die Homophonie der Namen des Berges und des Heiligen aus dem Poitou zunutze machen, um die Heiden von ihrem Irrtum zu bekehren. Um Erfolg zu haben, mußte diese christliche Substitution heidnischer Kulte an deren Verwurzelung in heiliger Erde ebenso anknüpfen wie an die Zeit des heidnischen Festkalenders. Die Kirche des hl. Hilarius wurde daher in der größtmöglichen Nähe zu dem heiligen See (*ab ora stagni*) errichtet, und es ist wahrscheinlich, daß das Fest des Heiligen am 28. Februar mit einem heidnischen Fest zusammenfällt; der Bericht über das Unwetter läßt auf ein Winterfest schließen, in dem aller Wahrscheinlichkeit nach der Jahresanfang gefeiert wurde (nach dem römischen Kalender am 1. März).

Um jene »Spiele und Tänze« zu beseitigen, die jährlich in einem Dorf in der Nähe von Noyon gefeiert wurden, führte der hl. Eligius (so seine Vita) am 29. Juni das selbe Fest des hl. Apostelfürsten Petrus ein. Im darauffolgenden Jahr benützte er dasselbe Fest als Gelegenheit, um einen Exorzismus zu sprechen über eine Gruppe von fünfzig Heiden, die ihm nach dem Tode trachteten. In der Tat ist es die regelmäßige Wiederkehr an einem fixen Datum, welche die Bedeutung eines Festes ausmacht.

»Aberglauben«: eine Nebenfolge der Christianisierung

Diese bloß formale Ersetzung von heidnischen durch christliche Elemente, für die sich noch zahlreiche Beispiele anführen ließen, war einer der Hauptgründe, weshalb auch eine bereits getaufte Bevölkerung oft hartnäckig an ihrem »Aberglauben« festhielt. Die von den heidnischen Vorvätern ererbten Praktiken behaupteten sich – nur dürftig

verhüllt durch einen christlichen Deckmantel – jedenfalls noch lange;
manchmal koexistierten Christliches und Heidnisches sogar offen
miteinander. Gregor von Tours erwähnt beispielsweise in Brioude, in
unmittelbarer Nähe des Grabes des hl. Julianus, »einen Tempel, in
dem eine Statue des Mars oder des Merkur verehrt wurde, die sich auf
einer hohen Säule befand«.

Doch im wesentlichen werden wir über die »abergläubischen« Vorstellungen und Praktiken des frühen Mittelalters durch Texte aus der
Seelsorge unterrichtet. Drei Textsorten lassen sich hier unterscheiden:
zunächst die Predigten (Homilien), vor allem die »Volkspredigten«
des Caesarius von Arles (insbesondere Nr. 13, 54, 192, 193), die
späteren Predigern als Vorbild dienten (sie sind beispielsweise wörtlich zitiert in einer Predigt gegen den Aberglauben, die dem hl. Eligius
zugeschrieben und in seine im 8. Jahrhundert verfaßte Lebensbeschreibung aufgenommen wurde); weitere wichtige Quellen sind die
canones der jährlich veranstalteten Bischofssynoden und schließlich
auch die sogenannten Bußbücher (*libri poenitentiales*).

Vorab muß darauf hingewiesen werden, daß alle diese Texte (nicht
nur die Predigten) philologisch mehr oder weniger abhängig sind von
Caesarius von Arles. Dieter Harmening wollte ihnen aus diesem
Grund sogar jeden dokumentarischen Wert für die Rekonstruktion
tatsächlicher Superstitionen nach dem 6. Jahrhundert absprechen. Ich
selbst würde nicht so weit gehen: auch wenn es unbestritten ist, daß
diese Texte unablässig dieselben Formulierungen wiederkäuen, so
sind doch auch Unterschiede und Varianten festzustellen, sowohl in
räumlicher als auch in zeitlicher Hinsicht (in bezug auf den deutschen
Raum ist beispielsweise das Bußbuch des Burchard von Worms von
Anfang des 11. Jahrhunderts in diesem Sinne besonders aufschlußreich). Weiterhin zeugt die mechanische Wiederholung derselben Bestimmungen ganze Jahrhunderte hindurch in jedem Fall von einem
realen Problemdruck in der Frage der Superstitionen, zumindest bis
ins 12. Jahrhundert, und dies unabhängig von der Verläßlichkeit der
einzelnen kirchlichen Textzeugen.

Konzilien, Bußbücher und Kapitularien

Innerhalb der Grenzen des heutigen Frankreich zählt man zwischen
dem 5. und dem 10. Jahrhundert insgesamt mehr als zwanzig Diöze-

sansynoden, die sich genauer mit »abergläubischen« Vorstellungen
und Praktiken befaßt haben. Man findet sie zunächst vor allem im Süden (Arles, Agde, Eauze, Narbonne), dann im Tal der Loire (Orléans,
Tours, Nantes), schließlich auch im Norden (Chalon-sur-Saône,
Clichy, Reims, Rouen, Paris, Metz, Anse). Neben diesen offiziellen
kirchlichen Gesetzesverlautbarungen muß man schließlich auch die
Normierungen weltlicher Herrscher berücksichtigen, die in dieselbe
Richtung zielen: so die Edikte der Merowingerkönige Childebert I.
(† 558) und Guntram († 593), und vor allem der Karolinger. Die *Ad-
monitio generalis* von 789 und mehr als ein Dutzend Kapitularien be-
schäftigen sich mit dem »Aberglauben« und greifen dabei auf Formulierungen zurück, die unmittelbar von kirchlichen Texten beeinflußt
sind. Daneben sind dann verschiedene Bußbücher (*libri poenitentiales*) heranzuziehen; sie sind im gallischen Bereich wesentlich seltener
als in Großbritannien (Poenitentiale von Pseudo-Theodor vom Anfang des 8. Jahrhunderts) und in den germanischen Landen (zu erwähnen sind die Poenitentialbücher Pirmins v. Reichenau (Mitte 8. Jahrhundert), Reginos von Prüm (Anfang 10. Jahrhundert), und Bur-
chards v. Worms (Anfang 11. Jahrhundert).

In Frankreich sind aus dem 8. Jahrhundert lediglich ein burgundi-
scher Text und zwei aus der Diözese Paris stammende Bücher erhalten. In bezug auf das 9. Jahrhundert ist besonders das Bußbuch des
Bischofs Halitgar von Cambrai anzuführen. Auch wenn aus der
frühmittelalterlichen Theologie kein eigentlicher Traktat über den
»Aberglauben« erhalten ist, so haben einflußreiche kirchliche Autoren diesem Thema doch bedeutende Schriften gewidmet: *De correctione rusticorum* des Bischofs Martin v. Braga († 580), der anonyme
Indiculus superstitionum et paganiarum (8. Jahrhundert), der zahlreiche germanische Entsprechungen lateinischer Begriffe enthält, oder
schließlich mehrere Werke des Mainzer Erzbischofs Hrabanus Maurus († 856). Im folgenden werde ich aber vor allem zurückgreifen auf
eine Schrift des Agobard von Lyon († 840) über den »Wetterzauber«
und auf einen Text Hinkmars von Reims († 882), der die Scheidung
des Königs Lothar II. behandelt.

Es ist bemerkenswert, daß der »Aberglauben« in allen diesen Texten wie ein zusammenhangloses Phänomen behandelt wird: aufgelistet werden einzelne Praktiken (»*Fecisti?*« – »Hast du dieses oder jenes
getan?« wird der Sünder gefragt) oder Glaubensvorstellungen (»*Cre-
didisti?*« – »Hast du dieses geglaubt?«). Die inhaltliche Ordnung die-

ser Listen und Aufzählungen ergibt sich allein aus dem theologischen
Bildungshorizont der Kleriker. So bereits in der dreizehnten Predigt
des Caesarius von Arles, die an die »Bewohner der Pfarreien« adres-
siert ist. Zunächst legt Caesarius die fundamentalen christlichen Tu-
genden dar (Glauben, Keuschheit, Nächstenliebe) und betont die
Bedeutung der Taufe als Initationsritus und Garantie für ein recht ge-
führtes christliches Leben, um schließlich die rituellen Verpflichtun-
gen eines jeden Gläubigen aufzuzählen: er soll jeden Sonntag die Kirche besuchen, stehend die Lesung der heiligen Texte anhören, sich der
Krankensalbung, welche die Seele und auch den Körper heilt, unter-
ziehen oder diese selbst spenden. Anschließend, ohne daß eine bestimmte inhaltliche Ordnung ersichtlich wäre, geht Caesarius zu einer
Auflistung all jener negativen Verhaltensweisen über, die zu unterlas-
sen sind: die Liste beginnt mit der Konsultation von Wahrsagern und
reicht bis zum Besuch heiliger Quellen oder der Veranstaltung von
Maskeraden und Tänzen in Kirchen. Im Bußbuch Halitgars werden
Superstitionen abwechselnd mit anderen Delikten erwähnt: in belie-
bigem Nebeneinander finden sich Raub, Schadenzauber, Gotteslästerung, verschiedene Kapitel über absichtliche Verstümmelung, Abtreibung, Diebstahl, Körperverletzung eines Gegners, Brandstiftung in
einer Kirche, Trunkenheit, Unzucht sowie kleinere Sünden (Fallen-
lassen der Hostie oder Genuß von Fleisch eines tot aufgefundenen
Tieres) und schließlich, weiter unten, Inzest, Götzenverehrung, Mund-
raub, Ehebruch. Die kirchliche Denunziation dessen, was als »Aberglauben« und zugleich als fortlebendes Heidentum und Dämonenkult
bezeichnet wurde, bildet also nur ein Element in einem umfassende-
ren religiösen und moralischen Reformprogramm. Das pastorale Be-
streben, die Seelen zu retten, ist eng mit dem Versuch verknüpft, eine
bestimmte Sozialordnung zu etablieren. Daher lassen sich die religiösen Funktionen eines frühmittelalterlichen Bischofs nicht von seiner
öffentlich-politischen Rolle trennen: die Pflicht zum Kampf gegen die
Superstitionen leitet sich ab aus den umfassenden politisch-sozialen
Funktionen der bischöflichen Herrschaft.

Die Bußstrafen

Die Bischöfe traten bei der Bestrafung der schuldigen Sünder zwar
entschlossen auf, gingen aber insgesamt doch bemerkenswert maßvoll

vor, besonders im Vergleich zu jener Härte, die Laienrichter und Kleriker seit dem 14. Jahrhundert an den Tag legten. Es muß darauf hingewiesen werden, daß seitens der Kirche keinerlei Form von körperlicher Bestrafung vorgesehen war: Steinigung oder sogar Hinrichtung waren weltliche, von Laien (und niemals von Klerikern) vollzogene Strafen. Die klassische Kirchenstrafe ist vielmehr die Buße; sie variiert hinsichtlich Dauer und Intensität je nach der Schwere des Vergehens und dem kirchlichen Status des Sünders (Kleriker wurden beispielsweise härter bestraft als Laien): je nachdem konnte etwa eine einfache oder eine schwere Bußstrafe, wie zum Beispiel das Fasten mit Wasser und Brot während einer gewissen Zeit, verordnet werden.

Im Bußbuch des Bischofs Halitgar von Cambrai sind für »abergläubische« Praktiken Bußen vorgesehen, die mindestens drei Wochen (für ein Kind, das unabsichtlich von Götzen geopfertes Fleisch gegessen hat) und schlimmstenfalls sieben Jahre dauern (im Falle von Zauberei, die ein Unwetter oder den Tod eines Menschen verursacht hat). In den beiden letzten Fällen werden die Schuldigen in einem Zeitraum von insgesamt sieben Jahren drei bzw. vier Jahre lang jeweils auf Wasser und Brot gesetzt.

Bei Liebeszauber mußte ein Laie nur mit einem halben Jahr Bußzeit rechnen – falls kein Mensch durch den Zauber umgekommen war; ein einfacher Kleriker büßte hier jedoch ein ganzes Jahr, ein Diakon drei Jahre; ein Priester fünf Jahre, davon zwei bei Wasser und Brot. Wenn ein solcher Zauber eine Abtreibung nach sich gezogen hatte, waren diese Bußen – unabhängig vom Status des Schuldigen – noch um sechs Fastenzeiten zu ergänzen.

Für bestimmte Formen von dämonischer »Weissagung und Gotteslästerung« waren fünf Jahre Buße vorgesehen; dreijährige Bußstrafen betrafen die Deuter von Vorzeichen (Auguren), jene, die das »Los der Heiligen« warfen oder die Gelübde an Bäumen und Quellen ablegten und Amulette anwendeten und schließlich all diejenigen, welche sich an den Kalenden des Januar verkleideten.

Bußen, die jeweils vierzig Tage, »drei Fastenzeiten« oder zwölf Wochen dauerten, wurden gegen jene verhängt, die an den rituellen Festmählern eines heidnischen Tempels (*fanum*) teilnahmen, wobei diese Strafe verschärft wurde, wenn die Schuldigen vorher bereits in einer Predigt vor einem solchen Verhalten gewarnt worden waren.

Diese Liste von Bußtarifen könnte man nun mit den Angaben anderer Bußbücher vergleichen, etwa mit dem wesentlich jüngeren Bußbuch des Burchard von Worms. Doch auch wenn die erwähnten Praktiken variieren, so sind doch der Typ und die relative Mäßigung der vorgesehenen Bußen dieselben.

Eine andere Betrachtungsweise

In der Liste der verschiedenen Bußstrafen kommt ziemlich genau zum Ausdruck, welcher Stellenwert den Superstitionen nach Ansicht der Kleriker in der Hierarchie der Sünden zukam. Freilich ist damit noch nichts darüber ausgesagt, welche Bedeutung und Funktion bestimmte Verhaltensweisen und Glaubensvorstellungen für die Angeklagten selbst hatten (vor allem für die Laien unter ihnen).

Im Gegensatz zur kirchlichen Sichtweise wollen wir uns diesen Phänomenen daher von einem anderen Blickwinkel aus nähern und danach fragen, was bestimmte Praktiken oder Vorstellungen für die große Masse der Gläubigen bedeuteten und weshalb man so hartnäckig an ihnen festhielt. Drei Bereiche verdienen dabei unsere besondere Aufmerksamkeit. In einer agrarischen, auf Gedeih und Verderb den Naturgewalten ausgelieferten Gesellschaft ist man zunächst vor allem um Fruchtbarkeit, Ergiebigkeit und Fortpflanzung der Menschen, Tiere und Feldfrüchte besorgt. Weiter sorgt sich der Mensch um die Kontrolle der Umgebung, in der er lebt, um eine Art symbolischer Beherrschung des Raumes. Es geht dabei auch um die Aneignung des sozialen und historischen Raumes, der konstituiert wird durch die Abfolge der verschiedenen Generationen: der Kult der Toten und seine spezifischen Stätten werden zu einem wichtigen Thema in der Auseinandersetzung zwischen der Kirche und dem »Aberglauben« werden. Nicht zuletzt geht es um eine Kontrolle der Zeit: einerseits um Wetter und Witterung*, welche die Ernten vernichten können, andererseits um die zukünftige Zeit, deren Ereignisse man vielleicht aus Vorzeichen erraten kann.

Die Motivation derjenigen, die die Kirche des »Aberglaubens« beschuldigte, hinsichtlich dieser drei Bereiche kann gleichwohl nicht völlig losgelöst vom kirchlichen Standpunkt untersucht werden: ohne Zweifel hat die historische Erkenntnis nur durch die Vermittlung kirchlicher Texte Zugang zu diesen Phänomenen. Man mag diese

---

* Der Autor verwendet hier den französischen Begriff »temps« in seiner doppelten Bedeutung von »Zeit« (*temps qui passe*) und »Wetter« (*temps qu'il fait*) (A.d.Ü.).

durch die Natur der Quellen bedingte Beschränkung bedauern, sollte jedoch bedenken, daß sich die historische Wirklichkeit selbst nur konstituiert in der Begegnung verschiedener sozialer und kultureller Praktiken, d.h. in jener Dialektik von Konflikt und Kompromiß, in deren Verlauf erst die Dokumente und Texte entstehen konnten, deren sich der Historiker heute bedient.

III

Zauberer und Wahrsager im Hochmittelalter

Menschen, Tiere, Ernten: die »Unglücksfälle« der Natur

Die Angst vor natürlichen Katastrophen und Unglücksfällen trieb die Menschen zur Anwendung einer Vielzahl von magischen Techniken der Vorsorge oder – je nach den Umständen – Heilung. Die Kirche stützte sich bei der Verurteilung dieser Praktiken vor allem auf zwei Argumente. Zum einen stellte sie fest, daß weder Amulette, Talismänner, magische Anhänger und Zettelchen, die man an Quellen, Bäumen und Kreuzwegen niederlegte, noch die Konsultation von Wunderheilern oder die Anrufung von Dämonen im Vergleich mit der natürlichen Medizin (*physica*) der Antike irgendeine Wirksamkeit besäße. Man wird von Augustin bis zu Gratian nicht müde zu betonen, daß auch die Ärzte selbst all diese Ligaturen und Heilmittelchen verdammt hätten. Denn keine dieser Techniken, so wird hinzugefügt, besitzt die Zuverlässigkeit der offiziellen Riten, mit denen die Kirche auf ihre Weise das natürliche Wohl von Menschen, Tieren und Pflanzen zu garantieren sucht: Krankensalbungen, Exorzismen, Benediktionen, Bittprozessionen usw. Doch noch schwerer wiegt, daß in den inkriminierten Riten und Zauberformeln die Anrufung Gottes und der Heiligen durch eine Dämonenbeschwörung ersetzt wird: »Ligaturen aus Knochen oder Kräutern« seien nichts als »Fallstricke des Teufels« so läßt im Jahre 813 das Konzil von Tours verlauten. Falls Amulette und Beschwörungen also nichtsdestotrotz eine gewisse Wirksamkeit besitzen sollten, so konnten sie diese nur den Dämonen

verdanken: Wunderheiler, Beschwörer (*praecantatores*), Wahrsager,
Zauberer, *caragi*, welche sogenannte *caracteres* (Amulette) anwand-
ten – sie alle stehen im Dienst des Teufels: »Zuweilen sendet der Teufel an das Bett eines Kranken einen Menschen; dieser Teufelsbote bedrängt den Elenden und sagt ihm: »Wenn du dich von diesem oder
jenem Zauberer beschwören läßt, wirst du geheilt werden; wenn du
Amulette an deinem Körper trägst, wirst du rasch deine Gesundheit
wiederfinden.« Wer einem solchen Verfolger nachgibt, der bringt dem
Teufel ein Opfer dar; wer ihn hingegen mit Verachtung straft, der ver-
dient sich den Ruhm der Märtyrer.«

Welche Heilmittel die Kirche in einem solchen Fall vorgesehen hat,
darauf kommt Caesarius anderenorts zu sprechen:

»Seht her, Brüder: wer bei Krankheit in die Kirche eilt, erhält nicht
nur die Gesundheit seines Leibes, sondern gleichzeitig auch die Verge-
bung der Sünden. Wenn uns also in der Kirche sogar ein doppelter Gewinn erwartet, wie können diese Elenden nur so töricht sein und sich
Heilung versprechen von Beschwörern, von Quellen und Bäumen,
von Amuletten, von Zauberern und Zeichendeutern, von Wahrsagern
und Leuten, die ein Los werfen – im Gegenteil, auf solche Weise handeln sie sich eine Unzahl neuer Übel ein.« Die Kirche leugnete also
nicht grundsätzlich (wie es heutzutage im allgemeinen der Fall ist) die
symbolische Wirksamkeit der als »abergläubisch« beurteilten Heil-
praktiken. Gründete sich nicht auch ihre eigene Macht über die Gläubigen auf die Wirksamkeit der Symbole? So groß war der Unterschied
nicht zwischen den inkriminierten Amuletten oder Beschwörungen
und den sakramentalen Handlungen eines Priesters, dem Gebrauch
authentischer Reliquien, dem korrekten Aufsagen eines Gebetes, den
Wundertaten eines Heiligen zu seinen Lebzeiten oder nach seinem
Tode; doch entscheidend war, daß die letzteren durch bestimmte Er-
kennungszeichen als authentisch und orthodox ausgewiesen waren.

Um 400 läßt Severus Endelechius in seinem »Bukolischen Gesang
über den Tod der Rinder« zwei Rinderhirten, Buculus und Tityrus,
auftreten, die über das beste Mittel zur Vermeidung von Viehseuchen
diskutieren:

»Ein Kreuzzeichen, welches man über der Mitte der Stirn der Tiere
anbringt«, versichert der letztere, »garantiert Gesundheit und Wohlergehen allen Viehs. Mit Recht nennen wir also Gott den allmächtigen
Erlöser. Denn sogleich bleibt das tödliche Unheil fern von der Herde
und auch Krankheiten können nicht aufkommen. Um zu diesem Gott

zu beten, genügt der Glauben. Es ist das Vertrauen in die Worte des Gebetes, das Hilfe bringt.«

Diese Passage wirft ein interessantes Licht auf das formalistische Verständnis dieser Praktiken: um eine magische Geste über der Stirn des Viehs in ein legitimes Zeichen zu verwandeln, genügt es schon, daß es sich um ein Kreuzzeichen handelt und daß der Name Gottes ausgesprochen wird. Noch im 13. Jahrhundert kann Thomas von Aquin unter Rückgriff auf eine Formulierung Gratians schreiben:

»Bei Sammeln von sogenannten Heilkräutern sind den Christen magische Zeremonien oder Beschwörungen untersagt, es sei denn, daß sie sich bekreuzigen oder ein Vaterunser sprechen« (*Summa Theologiae* II-II, 96, 4).

Wie die Geschichte der Reliquienverehrung zeigt, war es nur ein schmaler Grad, der die als »abergläubisch« gebrandmarkten Praktiken von den kirchlich tolerierten oder sogar befürworteten Bräuchen trennte. Gregor von Tours zögert keinen Augenblick, die Wunderkraft jenes Mooses zu preisen, welches auf dem Grab des hl. Tranquillus von Dijon wuchs, und ebenso hielt er es mit den Früchten und der Rinde des Maulbeerbaumes vom Grab des hl. Baudillius von Nîmes, den Birnen vom Grab der hl. Nazarius und Celsus von Embrun; da alle diese Früchte in unmittelbarer Nähe heiliger, von der Kirche verehrter Leiber wuchsen, konnte hier Zweifel erst gar nicht aufkommen.

Die Wunderheiler hingegen versuchte die Kirche in Mißkredit zu bringen und bezichtigte sie bösartiger Zauberei (was nichts anderes war als Hexerei). Genauere Aussagen über diesen ambivalenten Charakter der Zaubermacht finden sich in der theologischen Tradition; so heißt es bei Augustin (und diese Interpretation wird übernommen von Hrabanus Maurus, Burchard von Worms, Ivo von Chartres und Gratian): »es scheint, daß Magier und Zauberer einerseits Kranke heilen, andererseits jedoch Gesunden Schaden zufügen; sie bewirken dies, obwohl sie in keiner Weise aus eigener Kraft solche Fähigkeiten besitzen. Doch Gott räumt ihnen solches ein, um den Gottesglauben derjenigen, die es sehen, hören oder billigen, zu prüfen«.

Die Zauberer verdanken ihre Macht also dem göttlichen Willen oder dem Teufel, der seinerseits nur mit der Erlaubnis Gottes agiert. Dank der Untersuchung der Ethnologin Jeanne Favret-Saada über den Hexenglauben in der heutigen Bretagne (im Bocage) sind wir nicht auf diese klerikal-gelehrte Sichtweise beschränkt. Man kann

vielmehr feststellen, daß die konstatierte Ambivalenz im Wesen der Hexerei selbst begründet ist: es handelt sich um Techniken verbaler Aggression, Verteidigung oder Anklage, wie sie in kleinräumigen Gesellschaften üblich sind. Die in Hexereiaffären verwickelten Individuen müssen damit rechnen, unfreiwillig verschiedene Rollen anzunehmen: so ist jemand, der einen anderen der Zauberei denunziert hat, selbst keineswegs vor einer entsprechenden Anklage sicher. Die kirchliche Unterscheidung zwischen »gut« und »böse« muß ins Leere laufen angesichts einer Struktur, in der die einzelnen Akteure keine eindeutigen Positionen einnehmen, sondern stets ein Rollentausch möglich ist.

Ob in wohltätiger oder in böswilliger Absicht – Zauberei betraf vor allem die Gebiete der Sexualität und der Fortpflanzung. Die Herstellung von Liebestränken konnte man selbst unter Anleitung volkstümlicher Rezepte bewerkstelligen oder auf die »magischen Künste« eines Zauberers zurückgreifen: man gab einem Manne ohne sein Wissen einen Trank, der das Menstruationsblut derjenigen enthielt, die ein begehrliches Auge auf ihn geworfen hatte; zum gleichen Zweck konnte die Frau auf ihren Hüften einen Teig kneten und daraus ein Brot bakken, welches schließlich dem männlichen Opfer als Speise gereicht wurde. Eine nicht weniger wirksame Methode bestand darin, in die Nahrung der Frau männliches Sperma zu mischen. Andere Tränke sollten eine Empfängnis verhindern oder eine Abtreibung bewirken: der letztere Fall wurde (ebenso wie die Kindstötung) als ein außerordentlich schweres Verbrechen angesehen, handelte es sich doch um Mord und überdies um ein Verbrechen, das ein Kind der Taufgnade beraubte.

8. Im Mittelalter existierte ein Pluralismus von Heilmethoden: »abergläubische« Praktiken rivalisierten mit den kirchlichen Benediktionen ebenso wie mit einer auf antike und arabische Traditionen zurückgehenden Naturheilkunde. Das *Tacuinum sanitatis* hat zahlreiche naturheilkundliche Rezepte populär gemacht. Seine medizinische Grundlage beruht auf der antiken Temperamenten-Lehre, die jeweils das kalte Temperament dem warmen, das trockene dem feuchten gegenüberstellt. Reichlichen Gebrauch macht diese Medizin vor allem von Kräutern. Der Knoblauch etwa hat eine heiße und trockene Zusammensetzung, daher ist er mäßig scharf am wohltätigsten; er hilft gegen kalte Vergiftungen, Skorpion- und Vipernbisse und er tötet Würmer; schädlich wirkt er auf die Augen und das Gehirn, kann aber mit Essig und Öl neutralisiert werden; seine Natur entspricht den Menschen mit einem kaltem Temperament, Greisen, Bewohnern der Berge oder des Nordens.
(Letztes Viertel des 14. Jahrhunderts, Paris, Bibliothèque nationale)

Die Affäre um die Scheidung König Lothars

Näheren Aufschluß über die Praktiken des Liebeszaubers gibt in karolingischer Zeit ein Traktat, der im Jahre 860 von Erzbischof Hinkmar von Reims verfaßt wurde und sich gegen die Scheidung der Königin Theutberga und König Lothars II., eines Urenkels von Karl dem Großen, wendete. Weil sie ihm keinen legitimen Nachkommen gebar, wollte sich der König von Theutberga trennen und seine Konkubine Waldrada heiraten, die ihm bereits einen Sohn geschenkt hatte. Zu diesem Zwecke beschuldigte er seine Frau, inzestuösen, widernatürlichen Geschlechtsverkehr (*masculino concubito inter femora*) mit ihrem Bruder Hubert, dem Abt von Saint-Maurice-d'Agaune, gehabt zu haben. Sie sei daraufhin sogar schwanger geworden und habe die Frucht abtreiben lassen. Die Königin gestand ihre Verbrechen in einer Beichte, doch das Beichtgeheimnis wurde unrechtmäßig gebrochen. In der Folge widerrief sie überraschend und konnte sich tatsächlich in einem Gottesurteil reinigen. Der König bestand jedoch weiter darauf, sich von ihr zu trennen, und gewann in dieser Angelegenheit auch die Unterstützung einiger lothringischer Bischöfe. Allein Hinkmar v. Reims widersetzte sich dem Scheidungsvorhaben und rief den Papst um eine Entscheidung an. Sein Traktat besteht aus einer Reihe von Fragen, auf die der Reimser Prälat dann in umfassender Argumentation antwortet.

Die fünfzehnte *Interrogatio* stellt die Frage, ob gewisse Frauen fähig seien, durch Hexerei (*maleficium*) »unheilbaren Haß« oder aber – umgekehrt – »unsagbare Liebe« zwischen einem Mann und einer Frau zu stiften. Weiter wird gefragt, ob Lothar nicht durch einen Zauber Waldradas daran gehindert worden sei, einen legitimen Nachkommen zu zeugen. Hinkmar erzählt auch von den Mißgeschicken eines jungen Adligen aus seiner Bekanntschaft, der durch den Zauber einer früheren Konkubine zwei Jahre lang am sexuellen Ehevollzug gehindert worden war. Und nur »unter Scham« vermag der Bischof anschließend zu berichten, was er vom Hörensagen (*fabulas*) über die frevlerischen Praktiken in Erfahrung bringen konnte, mit denen man sich gegen solche Hexerei zu schützen suchte (übrigens auch in den Fällen, in denen die Betroffenen bereits durch kirchliche Benediktionen von einem Zauber befreit und geheilt worden waren): man bediente sich bestimmter Tränke, die aus Totenknochen, Asche, gelöschter Kohle, Kopf- oder Schamhaaren von Männern oder Frauen, verschiedenen

Kräutern, Muscheln und Schlangen hergestellt waren. Manche bedeckten sich von Kopf bis Fuß mit »verzauberter« Kleidung.

Schließlich kommt Hinkmar auch auf die Opfer der Hexerei zu sprechen: einige wurden durch Getränke oder Speisen der Hexen wahnsinnig, andere fielen den Angriffen böser Geister zum Opfer, wurden durch die *strigae* verzaubert oder durch die *lamiae* und *geniciales feminae* geschwächt; Frauen haben Geschlechtsverkehr mit den *dusii*, die männliche Gestalt angenommen haben und in ihren Opfern brennendes sexuelles Verlangen auslösen. Doch alle diese Menschen können ihre Gesundheit wiedererlangen, wenn sie sich den teuflischen Phantasmen verweigern und Hilfe suchen bei kirchlichen Heilmitteln, vor allem bei Exorzismen.

Die Ausführungen Hinkmars sind aufschlußreich in mehrfacher Hinsicht: zunächst begegnen wir hier wieder der Ambivalenz von wohltätiger Zauberei und/oder Schadenzauber; daneben unterscheidet Hinkmar auch deutlich männliche und weibliche Rollen; schließlich legt er wie die Autoren mancher Bußbücher besonderen Wert auf den Glauben an die Verursachung von Impotenz und Unfruchtbarkeit durch böse Geister. Die ihnen beigelegten Namen – *strigae, lamiae, geniciales feminae, dusiae* – gehören einer Tradition an, die auf Augustin und Isidor zurückgeht und weithin durch die Antike geprägt ist. Doch ohne Zweifel gingen in diese Bezeichnungen auch andere Traditionen ein: *dusius* könnte auf einen alten gallischen Begriff zurückgehen, und bei den *geniciales feminae* handelt es sich um weibliche Geister, deren französische Bezeichnungen *genes* oder *genesches* zum ersten Mal im 12. Jahrhundert begegnen und dann assoziiert werden mit *estries*, der Ableitung von *strigae*. Die Philologie leitet diese *geniciales feminae* von der antiken Göttin *Diana* her, die in den Bußbüchern als ein weiblicher Geist erscheint: manche Frauen glauben, sie auf ihren nächtlichen Flügen zu begleiten. Manchmal wird Diana auch mit einer gleichfalls stark negativen Figur des Neuen Testaments – Herodias – identifiziert.

Hinkmar bezieht sich hier – wenn auch nur in Form einer Anspielung – auf Glaubensvorstellungen, welche die Theologen erst einige Jahrzehnte früher genauer definiert haben. Es handelt sich um den nächtlichen Flug Dianas und ihrer Schar, der später eine zentrale Rolle bei der Herausbildung des Hexensabbat spielen wird. Hinkmar erwähnt Diana nicht ausdrücklich, doch ist ihr Name im Prinzip in *geniciales feminae* enthalten. Schon bald wird sich um genau diesen

Namen ein Großteil jener Traditionen verdichten, denen die Kirche den Kampf angesagt hat.

Nächtliche Phantasmen

Grundlegend hierfür war ein oft zitierter Text, der sogenannte *Canon episcopi*, den das Mittelalter dem Konzil von Ancyra (314) zuschrieb; er galt demnach als genauso alt wie die Kirche, worauf sich denn auch seine Autorität gründete. In Wirklichkeit erscheint er jedoch das erste Mal in dem »Buch über synodale Angelegenheiten und Kirchendisziplin« (*Liber de synodalibus causis et disciplinis ecclesiasticis*) des benediktinischen Abtes Regino von Prüm (um 906) und wird dann übernommen von Burchard von Worms, Ivo von Chartres und Gratian. Bis zur Scholastik des 13. Jahrhunderts hat dieser Text die kirchliche Interpretation des »Aberglaubens« grundlegend bestimmt. Ganz in Übereinstimmung mit der augustinischen Tradition wird den »abergläubischen« Vorstellungen jede objektive Realität abgesprochen; statt dessen betrachtete man sie als Illusionen, die der Teufel bei ungebildeten und leicht beeinflußbaren Gemütern – vor allem Frauen – erzeugt hatte. Werfen wir einen Blick auf diesen grundlegenden Text:

»Die Bischöfe und alle ihre Untergebenen mögen sich nach besten Kräften darum bemühen, die verderblichen, vom Teufel erfundenen Künste des Wahrsagens und der Magie in ihren Pfarreien auszumerzen. Wenn sie Männer oder Frauen dieser Verbrechen für schuldig befinden, so sind diese schandvoll aus ihren Pfarreien zu vertreiben. […] Es darf nicht übergangen werden, daß es gewisse verbrecherische Frauen gibt, die Satan gefolgt sind und, verführt durch Blendwerk und Vorspiegelungen [*illusionibus et phantasmatibus*] der Dämonen, glauben und bekennen, des Nachts zusammen mit der heidnischen Göttin Diana und einer unzählbaren Menge von Frauen auf gewissen Tieren zu reiten, in der Stille der Nacht große Entfernungen zu durchqueren, die Weisungen der Göttin zu befolgen, als wäre sie eine Herrin [*domina*], um in bestimmten Nächten zu ihrem Dienst [*servitium*] gerufen zu werden. O, sollen all diese nur zugrunde gehen in ihrer Perfidie, ohne noch viele andere in den Abgrund des Unglaubens mit hinabzuziehen. Denn zahllose Menschen lassen sich von dieser falschen Auffassung täuschen und halten dieses für wahr, kommen so vom rechten Glauben ab, um wieder in jenen heidnischen Irrtum zu verfallen, daß es neben dem einen Gott noch andere Gottheiten gäbe. Die Priester sind also dazu angehalten, die ihnen anvertrauten Gläubigen in der Predigt nachdrücklich darüber zu belehren, daß dies alles falsch ist, und solche Vorspiegelungen [*phantasmata*] nicht von einem göttlichen, sondern von einem bösen Geist den Sinnen der Ungläubigen eingeflößt wurden.«

Ein Jahrhundert später wird Burchard von Worms den *Canon episcopi* folgendermaßen kommentieren:

»Es ist wahr, daß der Teufel in allen möglichen Formen erscheint und verschiedene menschliche Gestalten annimmt; er nimmt die Seele gefangen und täuscht sie durch Träume, in denen er ihr bald glückliche Ereignisse, bald Unglücksfälle, bald unbekannte Personen zeigt. Auf diese Weise führt er sie auf den Pfad des Irrtums. Obwohl sich dies alles bloß in der Seele abspielt, glaubt der Geist, es handele sich bei diesen Phantasmen nicht bloß um Produkte der Einbildungskraft, sondern um Wirklichkeit. Wer wäre noch nie während des Schlafes außer sich geraten und hätte – in nächtlichen Träumen oder Alpträumen – Dinge erblickt, wie er sie noch nie im wachen Zustand gesehen hat? Doch wer von uns wäre nun so dumm und so töricht, zu glauben, daß diese der Imagination entsprungenen Szenen tatsächlich körperliche Realität besäßen?«

Hinkmar von Reims teilt ganz und gar diese illusionistische Deutung abergläubischer Vorstellungen, ohne freilich den nächtlichen Flug der Diana und ihrer Hexen ausdrücklich zu erwähnen. Doch sein Text enthält wichtige Ausführungen über die bösen Geister, die sowohl in männlicher als auch in weiblicher Form vorkommen.

Männlich sind die *dusii*; Hinkmar begnügt sich hier mit dem Rückgriff auf eine bis zu Augustin (*De civitate Dei*, Buch 15) und Isidor von Sevilla (*Etymologiae*, Buch 8) zurückreichende Tradition: zusam-

9. Die Hexerei war im Hochmittelalter vor allem bestimmt durch den Begriff des *maleficium*, d.h. den Gebrauch einer schädlichen Macht gegen Personen, das Vieh oder die Ernten. In vielen Fällen wurde dieses Verbrechen mit dem Tode durch Steinigung oder auf dem Scheiterhaufen bestraft.
(Verbrennung einer Hexe, 11. Jahrhundert, London, British Library)

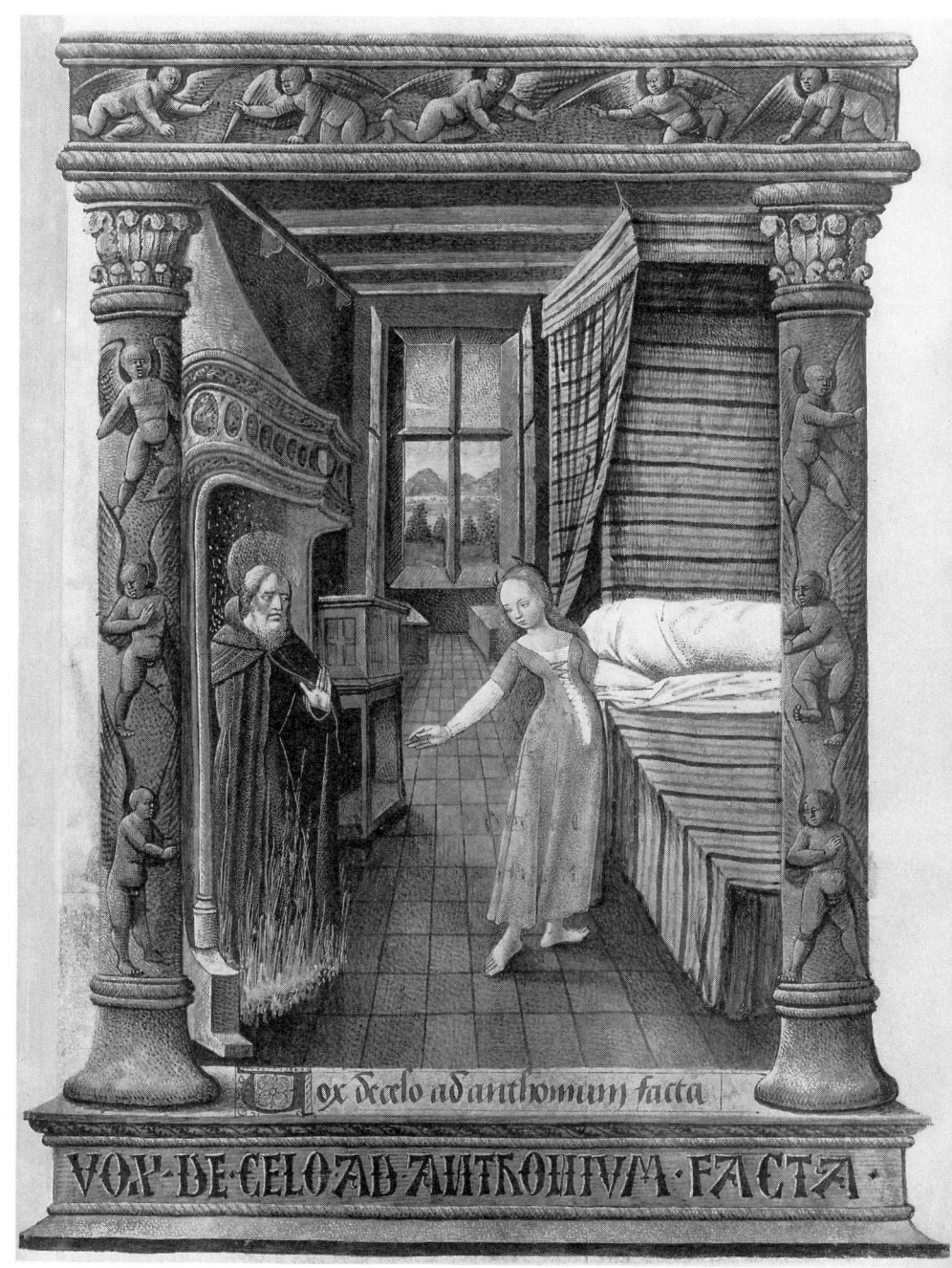

men mit den Faunen, Satyrn und Pangeistern (*pilosi*, »behaarte«, nennt sie Isidor) der spätantiken Mythologie zählen sie zu der Gruppe der sogenannten *incubi* (Alpgeister), deren Name sich ableitet von *incubare* (»sich niederlegen auf«).

Weder bei Augustin noch bei Isidor finden sich hingegen Angaben über die *succubi* (von *succuba* »Beischläferin«, wörtlich »die sich darunterlegt«). Aller Wahrscheinlichkeit hat man aus der Existenz der *incubi* im Umkehrschritt auf eine vergleichbare dämonisch-sexuelle Rolle auch der »weiblichen« Geister, der antiken Nymphen und Waldgeister, der *lamiae* und *strigae*, geschlossen.

Bei Burchard von Worms werden diese Figuren den Gottheiten des Schicksals angenähert (die drei *fatae* oder Parzen). In der volkssprachlichen Literatur des zwölften Jahrhunderts, die aus dem bretonischen Artusstoff schöpft, werden diese übernatürlichen Geliebten schließlich – wie Laurence Harf-Lancner kürzlich gezeigt hat – mit den Parzen zu einer einzigen Figur verschmolzen: die Feen des Mittelalters sind geboren. Den *fatae* verdanken diese Feen ihren Namen und ihren Einfluß auf das menschliche Schicksal vom Augenblick der Geburt an, von den *succubi* aber erben sie das Begehren, sich mit sterblichen Wesen zu vermählen.

Die »Wettermacher«

Die den Zauberern zugeschriebene Macht erstreckte sich nicht nur auf die Leiber der Menschen und Tiere, sondern betraf auch die Natur und die Lebensvorgänge im allgemeinen: vor allem die Ernten glaubte man durch sie bedroht. So verdanken wir einem anderen karolingischen Prälaten, dem Erzbischof Agobard von Lyon († 840), einen kleinen Traktat mit dem Titel »Gegen den törichten Volksglauben betreffend Hagel und Gewitter«. Da Agobard sich unmittelbar an seine Leser wendet, dürfte es sich hier ursprünglich wohl um eine Predigt gehandelt haben.

10. Auch Heilige waren den Verführungen des Teufels ausgesetzt. Verwandelt in die Gestalt eines schönen jungen Mädchens, versuchte dieser einst, den hl. Antonius zu verführen. Doch der Heilige beweist die Unempfindlichkeit seiner Sinne, indem er sich einer Feuerprobe unterwirft: das Feuer sinnlicher Begierde ist nichts verglichen mit wirklichen Flammen. Die Miniatur verlegt die Einsiedelei unseres Heiligen aus der Wüste in ein komfortables Schlafzimmer des 15. Jahrhunderts.
(Stundenbuch von Louis de Laval, 1480, Paris, Bibliothèque nationale)

»Hierzulande glauben fast alle, Adlige und Gemeine, Städter und Bauern, Alte und Junge, daß Blitz und Donner von Menschen ausgelöst werden können.«

Dieser »Aberglauben« beschränkt sich also nicht auf die ländliche Bevölkerung oder auf die »Unterschichten« der Gesellschaft: er betrifft den gesamten *populus*, d. h. die Laienschaft im ganzen.

Diese, so schreibt Agobard,

»sagen in der Tat, wenn sie es donnern hören und blitzen sehen, ›Die Luft ist aufgestiegen [*Aura levatitia est*]‹. Wenn man sie darüber befragt, was *aura levatitia* bedeutet, dann versichern sie voller Scham und Reue oder auch in naivem Glauben, Blitz und Donner seien durch die Zauberformeln der sogenannten Wettermacher [*tempestarii*] ausgelöst [›erhoben‹, *levatae*] worden, und deshalb sagen sie ›*Levatitiam auram*‹.«

Agobard präzisiert die Angaben über diesen »törichten Glauben«:

»Wir haben eine große Zahl von Menschen gesehen und gehört, denen der Wahnsinn so sehr den Kopf verdreht, die Dummheit so sehr den Geist vernebelt hatte, daß sie glaubten und behaupteten, es gäbe eine Region namens *Magonia*, aus der Schiffe mit den Wolken angeflogen kämen; diese Schiffe brächten die Feldfrüchte, die der Hagel herunterschlägt und verderben läßt, nach *Magonia*, und die Luftschiffer gäben den Wettermachern Geschenke als Gegenleistung für die erhaltenen Früchte. Ihr törichter Glaube an die Realität dieser Dinge hat sie so sehr verblendet, daß sie eines Tages, wie wir selbst gesehen haben, in einer Volksversammlung vier Personen – drei Männer und eine Frau – vorführten, die angeblich aus diesen Schiffen gefallen seien; man hielt sie einige Tage lang fest, um sie dann zum Tod durch Steinigung zu verurteilen. Erst nachdem ich ihnen eine lange Diskussion aufgezwungen hatte [*post multam ratiocinatam*], siegte schließlich die Wahrheit und sie wurden beschämt wie Räuber, die man auf frischer Tat ertappt hatte.«

Weiter schrieb man den Wettermachern die Macht zu, den Hagel auf einen einzigen Punkt zu konzentrieren, um ihre Feinde beim Überqueren eines Feldes oder einer Straße zu töten.

Schließlich berichtet Agobard einen weiteren zeitgenössischen Vorfall, der dieses Mal die Giftmischer (*venefici*) betrifft. Denn vor einiger Zeit, so Agobard, habe eine Viehseuche (*mortalitas boum*) im Land gewütet, und sehr schnell seien verschiedene törichte Gerüchte in Umlauf gekommen:

»Einige behaupteten, daß der Herzog Grimoald von Benevent, der Feind des allerchristlichsten Kaisers Karl, Männer ausgesandt habe, die in Wiesen, Bergen, Feldern und Quellen ein Pulver verstreuen sollten, um ein Rindersterben auszulösen. Wir haben erfahren, daß man deshalb zahlreiche Personen festgenommen hat, und wir mußten mitansehen, wie man einige von ihnen sofort getötet, andere auf Bretter genagelt, in den Fluß geworfen und so hingerichtet hat. Und was das merkwürdigste war: die Festgenommenen beschuldigten sich selbst und gaben zu, ein solches Pulver besessen und verteilt zu haben.«

Wahrscheinlich bezieht sich diese Passage auf eine Viehseuche, die tatsächlich im Jahre 810 das Reich Karls des Großen heimsuchte und die auch von dem im gleichen Jahr erlassenen Kapitular *Missi dominici* erwähnt wird.

Eine besondere Rolle spielen in dem Text Agobards räumliche Kategorien: die bösen Zauberer, Giftmischer und Luftschiffer finden sich immer auf Seiten »der anderen«. Entweder stammen sie aus dem feindlichen Herzogtum des Grimald von Benevent oder geradewegs aus einem mythischen Land namens Magonia, dem Königreich der Magier (*magi*). Andere zeitgenössische Texte sprechen auch von *magones* oder *maones*, von Zauberern, die wie die *tempestarii* die Luftmassen hochsteigen lassen und so Hagelschauer auslösen können. Anfang des 15. Jahrhunderts erscheint das Wort *magonia* auch bei Bernhardin von Siena und bezieht sich nach wie vor auf meteorologische Glaubensvorstellungen: *magonia* nennen manche Seefahrer eine Wolke, die einen gefährlichen Wirbelsturm ankündigt; sie ziehen dann ihr Schwert, lassen die Schneide vibrieren und tun so (*simulant*), als ob sie die Wolke entzwei schneiden und die Gefahr abwenden könnten.

Die Wettermacher im Lyonnais des 9. Jahrhunderts scheinen der lokalen Gesellschaft angehört zu haben. Wie die spätmittelalterlichen Hexen bekamen sie all jene Ressentiments zu spüren, die sich in den Schwierigkeiten des Alltags unter den Menschen angestaut hatten. Doch die Bauern waren diesen Wettermachern nicht völlig hilflos ausgeliefert: Agobard erwähnt auch sogenannte *defensores*, welche die Bevölkerung gegen die *tempestarii* verteidigten und dafür eine Abgabe erhielten, die man als *canonicum* bezeichnete. Es handelt sich hier offensichtlich um »gute Zauberer«, die in ihrer Funktion so sehr den kirchlichen Priestern angenähert werden, daß sie sogar ein Äquivalent jenes »kanonischen Teils« erhalten, welcher im Kirchenrecht (*ius canonicum*) vorgesehen ist. Agobard hält diese Praktiken für skandalös: denn die Bauern nehmen die Bezahlung der *defensores* (die in den Augen unseres Bischofs keinerlei wirkliche Macht besitzen) zum Vorwand, keinen Zehnt zu bezahlen und auch den Waisen ihr Almosen vorzuenthalten.

Agobards Text liefert uns also ein sehr konkretes Bild vom Funktionieren einer dörflichen Gesellschaft der karolingischen Epoche: wir sind konfrontiert mit *tempestarii* und *defensores*, zwei streng voneinander unterschiedenen Rollen, sowie mit einer Volksversammlung (*conventus hominum*), die vielleicht mit der Gerichtsversammlung (*mallus*) der freien Männer identisch war (auch wenn dieser Name nicht erwähnt wird und auch kein Vertreter des Grafenamtes auftaucht); die Rechtsprechung dieser Versammlung scheint den sofortigen Vollzug zur Folge gehabt zu haben, und es ist nicht ausgeschlossen, daß es sich hier um eine Einrichtung neben den »öffentlichen« Institutionen des Reiches handelte.

Nach Ansicht Agobards war hier der Teufel im Spiel: er täuschte den Geist der Christen, um heidnische Praktiken und Vorstellungen (*paganias*) zu verbreiten und der Kirche zu schaden, denn die getäuschten Gläubigen verweigerten die Zahlung des Zehnts. Um die Nichtigkeit dieser Verhaltensweisen aufzuzeigen, stützte Agobard sich zunächst auf ein ganzes Arsenal biblischer Autoritäten: wäre die Macht der *tempestarii* tatsächlich mehr als bloße Illusion, so müßten sie in der Bibel irgendwo erwähnt sein. Da dies nicht der Fall ist, begreife man rasch die völlige Haltlosigkeit dieser Vorstellungen.

Origineller ist Agobard in seiner logischen Argumentation (Historiker wie Egon Boshof gingen sogar soweit, in ihm einen frühen »Rationalisten« zu sehen). Als er auf einen Zeugen zu sprechen kommt, der einen *tempestarius* gesehen haben will, praktiziert er tatsächlich eine Art »Quellenkritik«:

»Der Zeuge versicherte, seine Aussagen seien wahr, er bezeichnete auch den Menschen, die Zeit sowie den Ort, aber andererseits gestand er ein, daß er selbst nicht anwesend war.«

Die Gerüchte, die rasch entstehen und sich verbreiten, konfrontiert Agobard mit dem Hinweis auf das Fehlen von Augenzeugen. »Wir haben niemand sagen hören«, so stellt er fest, »daß er solches mit eigenen Augen gesehen hätte«. Die hier praktizierte rationale Argumentation bezeichnet unser Bischof als *ratiocinatio*: wenn die *tempestarii* tatsächlich die Erzeugung von Hagel beherrschten, so könnten sie es auch regnen lassen; dies ist aber nicht der Fall, und somit wäre der Beweis erbracht, daß ihre angebliche Macht illusionären Charakters ist.

»Es kommt heutzutage manchmal vor, wie wir mit eigenen Augen gesehen haben, daß die Bauern wegen Trockenheit an der Aussaat gehindert werden. Wieso könnt ihr eure *tempestarii* eigentlich nicht dazu bewegen, Gewitter [*auras levatitias*] zu senden, die eure Felder bewässerten und euch endlich die Aussaat ermöglichten. Die Wahrheit ist: ihr habt solches niemals von ihnen erbeten, noch habt ihr jemals gesehen oder gehört, daß sie solches vermocht hätten.«

Die *tempestarii* sind prinzipiell unfähig, solches zu bewirken, denn Gott allein kontrolliert den Gang aller Dinge.

Der Besessenheitskult von Uzès

Agobard war ein eigenwilliger Geist; dies geht auch aus einem Briefwechsel hervor, den er mit dem Bischof Bartholomäus von Uzès führte. Der Bischof hatte seinen Rat in einer Affaire kollektiver Besessenheit erbeten. In »einer gewissen Kirche, wo die Überreste des hl. Firminus ihre letzte Ruhe haben« strömen Personen beiderlei Geschlechts zusammen, »die die Bevölkerung dämonisch Besessene [*daemoniaci*] nennt und die Anfälle nach Art der Epileptiker erleiden«; diese Besessenen »spüren in ihren Körpern brennende Wunden, als ob sie von Schwefelflammen versengt würden«. Das Volk deponiert Gold, Silber, Vieh oder andere Gaben an diesem Ort; keiner der Anfälle geht tödlich aus, doch wird auch niemand geheilt.

Agobard stellt die Authentizität des hl. Firminus nicht ausdrücklich in Frage; der örtliche Bischof hatte diese nicht bezweifelt und Agobard selbst betont, endgültig könne über dieses Problem nur nach Begutachtung der Lage vor Ort geurteilt werden. Doch bezeichnenderweise tituliert er den Heiligen als *quidam*, spricht also von »einem gewissen Heiligen«, was Distanz signalisieren soll. Ein Kult und eine Wallfahrt, bei denen niemand geheilt wird, mußte ihm ebenfalls reichlich dubios vorkommen. An anderer Stelle, in einer »Volkspredigt über die Wahrheit des Glaubens und die rechte Ordnung aller Dinge« kritisiert Agobard diejenigen, die eine Wallfahrt nach der anderen absolvieren, aber vergessen, daß der Weg der Vollendung in erster Linie ein innerer ist... Im Fall von Uzès richten sich seine Bedenken jedoch vor allem auf die äußeren Aspekte dieser Wallfahrt: ohne dafür irgendeine Gegenleistung zu erhalten, stiften die Kranken wertvolle Gaben, die sie besser den Armen geschenkt hätten. Der »Aberglauben« wird hier also – wie bereits im Falle der *tempestarii* – zum Sand im Getriebe der kirchlichen Institution, er hindert diese an einem reibungslosen Funktionieren. Der Brief Agobards an Bartholomäus bekam in der kirchlichen Hierarchie rasch autoritative Geltung: Agobards Nachfolger Amolo von Lyon (841-852) versäumt nicht, ihn heranzuziehen, als Bischof Theobald von Langres ihn in einer ähnlichen Affäre um Hilfe ersucht.

Die Toten

Neben den Naturkatastrophen und Krankheiten, welche Menschen, Tiere und Pflanzen befallen konnten, war in der Auseinandersetzung zwischen der Kirche und dem Aberglauben vor allem ein weiteres Thema heiß umkämpft: das Verhalten und die Einstellung der Menschen zum Tod. Doch die Gegensätze zwischen Volksglauben und Christentum entwickelten sich in diesem Bereich erst nach und nach. Die diesbezüglichen Grundanschauungen der christlichen Lehre, die vor allem Augustin formuliert hatte, berührten die Problematik des »Aberglaubens« in zweifacher Hinsicht. Einerseits kannte die Kirche eine privilegierte Klasse von Verstorbenen: die Heiligen, die ein Martyrium erlitten oder sich durch ihr Wirken als Bekenner besondere Verdienste bei Gott erworben hatten. Andererseits machte sie – neben diesen Heiligen und ihren Reliquien – nur vergleichsweise wenig Aufhebens von den sterblichen Überresten der normalen Toten und ihrer Bestattung. Vorrangig war das Heil der Seele, Verbleib und Schicksal des materiellen Leichnams erschienen plötzlich nicht mehr so wichtig.

Die Kirche setzte sich mit dieser Auffassung in einen bemerkenswerten Gegensatz zu den antiken Totenbräuchen: die aufwendig ausgestatteten Gräber der römischen Aristokratie wurden von ihr ebenso abgelehnt wie Totenopfer oder Grabspenden.

Die Kirche hatte ein zentrales Interesse daran, den absoluten Vorrang ihrer »eigenen« Toten – der Heiligen – zu betonen. Das juristische Instrument einer offiziellen Kanonisation stand damals jedoch noch nicht zur Verfügung (es sollte sich erst im 12. Jahrhundert voll ausbilden).

Die Beglaubigung und Anerkennung der heiligen Leiber, die als Behältnisse wunderwirksamer Kräfte betrachtet wurden, war deshalb nicht überflüssig, aber sie vollzog sich in anderen Formen. Schon sehr früh war man gegen die spontane und »abergläubische« Verehrung von Heiligen eingeschritten, die nur im Volk, nicht aber in der Kirche anerkannt waren. Der mittelalterlichen Kirche diente dabei einmal mehr ein Abschnitt aus der *Vita Martini* des Sulpicius Severus als Vorbild: Nachrichten von einem Kult, der in der Nähe von Tour einem unbekannten Märtyrer dargebracht wird, machen den Heiligen hier mißtrauisch; niemand vermag ihm den Namen dieses Heiligen oder das Datum seiner Passion anzugeben. Nach einigem Zögern begibt er sich vor Ort, stellt sich vor dem Grabe auf und bittet Gott, ihm die Identität dessen zu offenbaren, der hier bestattet war.

»Dann wandte er sich nach links [man bemerke die negative symbolische Bedeutung der »linken« Seite als einer bösen] und sah neben sich einen schmutzigen, grimmigen Schatten. Er befahl ihm, seinen Namen und seinen Verdienst zu nennen. Er gab seinen Namen an und gestand sein Verbrechen: ein Räuber sei er gewesen und wegen seiner Untaten hingerichtet worden; so werde er irrtümlicherweise vom Volke verehrt. Mit den Märtyrern habe er gar nichts zu tun. Sie hielten sich in der Herrlichkeit auf, er aber am Strafort … Erstaunlicherweise hörten die anderen nur die Stimme, sahen aber niemanden. Da erklärte ihnen Martin, was er gesehen habe. Er trug ihnen auf, den Altar von seinem bisherigen Platz zu entfernen. Das Volk aber befreite er so von seinem irrigen Aberglauben.«[*]

Wie eine Umkehrung dieser von Sulpicius Severus berichteten Szene mutet jene Episode bei Gregor von Tours an, in welcher der Bischof von Dijon einen Sarkophag, der für das Grab eines antiken Helden gehalten wurde, als die letzte Ruhestätte des Märtyrers Benignus identifiziert. Die Verehrung dieses Grabes war vom Volk ausgegangen, was den Kirchenmann mißtrauisch gemacht hatte. Doch als der Heilige ein Wunder wirkt und dem Bischof erscheint, erkennt dieser die Echtheit der Reliquien an.

Daß der Kirche am uneingeschränkten Vorrang der heiligen Leiber lag, genügte bereits, um die Sorge für die gewöhnlichen Toten abzuwerten. Dennoch hat man es in den ersten Jahrhunderten der Christianisierung Galliens vermieden, die überlieferten Brauchtümer frontal anzugreifen: aus archäologischen Grabungen ergibt sich die Fortdauer der Grabbeigaben bis ins 8. Jahrhundert. Die Beseitigung der heidnischen Kulte erschien in der Tat dringlicher als die Veränderung der Bestattungsbräuche. Eine berühmte Passage aus der *Vita Martini* bietet ein gutes Beispiel für diese relative Toleranz der Kirche: der Heilige sieht hier von fern eine Prozession und glaubt auf den ersten Blick, es mit einer heidnischen Kultfeier zu tun zu haben; er bedient sich kurzerhand seiner Wundermacht und bannt den ganzen Umzug am Boden fest, um ihn näher zu inspizieren; als er jedoch feststellt, daß es sich um einen simplen Leichenzug handelt, läßt er ihn ohne weitere Schwierigkeiten passieren.

Zweifellos hat die Bestattung *ad sanctos* (in der Nähe der Heiligengräber), die immer beliebter wurde, viel zu einer besseren Kontrolle der Bestattungsbräuche beigetragen. Jedenfalls korrespondiert ihre Verbreitung zeitlich mit einem Verschwinden der Grabbeigaben und

---

[*] Übers. – leicht modifiziert – nach K. S. Frank, *Frühes Mönchtum im Abendland*, Bd. 2 (Zürich/München 1975).

auch mit dem Auftauchen genauerer kirchlicher Vorschriften gegen eine »abergläubische« Ausstattung des Leichnams. Zwischen dem Ende des 8. und dem Beginn des 11. Jahrhunderts werden in den Bußbüchern die diesbezüglichen Fragen immer zahlreicher.

»Hast du dich an törichten Bräuchen der einfältigen Frauen beteiligt? Während sich der Verstorbene noch im Haus befindet, eilen sie zu einer Quelle und bringen von dort in aller Heimlichkeit ein Gefäß mit Wasser herbei, das sie unter die Totenbahre gießen, wenn man den Leichnam herunternimmt. Auch achten sie darauf, daß der Verstorbene beim Abtransport nicht höher als bis zu ihren Knien gehoben wird; dies alles soll einer eventuellen Heilung dienen. Hast du getan (oder dem deine Zustimmung gegeben), was gewisse Frauen tun, wenn ein Mensch begraben wird, der getötet wurde?

Sie salben ihm die Hände ein und glauben, daß er auf diese Weise von seiner Verletzung geheilt werden könnte. Bleibt die Heilung aus, so begraben sie ihn zusammen mit der Salbe.«

Totenbräuche und Maskeraden

Seit der Karolingerzeit suchte die Kirche zu verhindern, daß sich in die von ihr empfohlenen Bestattungsriten »abergläubische« Bräuche mischten. In Anweisungen, die der Erzbischof Hinkmar von Reims für seinen Klerus verfaßte und in denen er auf eine Bestimmung des Konzils von Nantes aus dem Jahre 658 zurückgreift, wird den Klerikern die Teilnahme an Totengedenkfeiern untersagt, die am siebten und am zehnten Tag nach dem Hinscheiden des Verstorbenen sowie an dessen Todestag stattfinden. Vor allem die Priester sollen diese Gelegenheit nicht mißbrauchen, um sich zu betrinken. Weiterhin ist ihnen untersagt, auf die Seele des Verstorbenen anzustoßen oder irgend jemanden bei dieser Gelegenheit zum Trinken zu veranlassen. Lachen, Festmähler und Trinkgelage sind prinzipiell verboten, und ein Priester darf weder »zulassen, daß vor seinen Augen Spiele mit einem Bären, Lanzenstechen oder Wettkämpfe stattfinden«, noch daß man »Masken [*larvae*], die auch *talamascas* genannt werden«, trägt. Die Toten und die Masken – der Text Hinkmars stellt einen Zusammenhang her zwischen beiden Phänomenen. Die Masken, die regelmäßig im Zusammenhang mit den Totengedenkfeiern auftauchen, waren wahrscheinlich keine unmittelbare Repräsentation des Toten; eher fungierten sie als die Vergegenwärtigung seines Schattens, als eine Art Double oder zweites Gesicht des Toten … Die Masken bewirkten daher in gewissem Sinne bei ihren Trägern eine Besessenheit durch den

Toten. Das verwendete Vokabular ist sehr aufschlußreich: im klassischen Latein bezeichnet *larva* den »Wiedergänger«, eine Person, die einen üblen Tod gestorben ist und nun in einer gespenstischen Erscheinung die Menschen heimsucht. In den Augen der Kirche sind diese Wiedergänger Verdammte oder Dämonen; stets spricht sie bei ihrer Verurteilung der Maskeraden von *larvae daemonum*. Masken entstellen nicht nur das Antlitz des Menschen, sie sind des Teufels, Figuren des Dämonischen, ein Frevel gegen Gott, der den Menschen erschuf »zu seinem Ebenbilde« ...

Der andere Ausdruck, den Hinkmar zur Bezeichnung der Masken verwendet, *talamasca*, ist in seiner Etymologie ungeklärt, jedoch sicherlich germanischen Ursprungs. In jedem Fall erscheint dieses Wort als ein weiteres Indiz für den Zusammenhang der Maskeraden mit den Bestattungsriten. Das Suffix *masca* erscheint das erste Mal im langobardischen Recht von 643, der vollständige Ausdruck wird aber erst im 14. Jahrhundert in die französische Sprache eingehen (*talemaschier* bedeutet dann »sich das Gesicht schwärzen/beschmieren«, denn meistens handelte es sich bei einer im Mittelalter erwähnten Maske um ein geschminktes Gesicht). Im französischen Süden wurde (und wird) *masca* auch verwendet als Bezeichnung für Geister oder Hexen, die nachts Kinder verschlingen; in dieser Bedeutung ist das Wort bezeugt bei Gervasius von Tilbury, der es denn auch mit *lamia*, der kinderfressenden Unholdin, gleichsetzt.

Die Beschwörung der Toten

Für die Kirche ergab sich eine Verbindung zwischen Toten und Dämonen auch im Falle der sogenannten Nekromantie, der Beschwörung der Toten. Der hl. Augustin hatte diese als eine verbotene Form der Divination betrachtet. Die mittelalterliche Tradition hat sich aber vor allem auf eine Definition bezogen, die von Lactantius und von Isidor von Sevilla formuliert worden war:

»Die Nekromantiker scheinen die Toten durch Beschwörungen wieder zum Leben zu erwecken und veranlassen sie, auf ihre Fragen zu antworten. *Necros* bedeutet im Griechischen ›Toter‹ und *manteia* ›Divination‹. Um den Leichnam wieder zum Leben zu erwecken, verwendet man Wasser und Blut, denn es heißt, daß die Dämonen Blut lieben. So wird bei jeder Totenbeschwörung Wasser mit rotem Blut vermischt, um mittels der roten Farbe des Blutes die Dämonen leichter anzulocken.«

11. Der »Schoß Abrahams«, der zum ersten Mal im biblischen Bericht über Lazarus als Ort der Gerechten erwähnt wird, wurde im Mittelalter entweder mit dem Paradies gleichgesetzt oder galt als ein Zustand der Erwartung und der Reinigung, jenes *refrigerium*, aus dem im 12. Jahrhundert das »Fegefeuer«, der mittlere Ort zwischen Hölle und Paradies, wurde.
(Bourges, Kathedrale, 13. Jahrhundert)

Diese etymologische Erklärung erfährt im 12. Jahrhundert eine Veränderung: Johannes von Salisbury, der Bischof von Chartres († 1180) leitet die Wurzel *necro* – anstatt wie bisher vom griechischen *necros* – vom lateinischen *niger* (»schwarz«) ab. Die Toten rücken in den Hintergrund, um Platz zu machen für eine andere Figur: den Teufel. Fast zum gleichen Zeitpunkt (13. Jahrhundert) verbreitet sich auch die Idee der »schwarzen Magie«.

In jenem Klischee, das sich die Kirche vom »Aberglauben« machte, hatte die Nekromantie ihren angestammten Platz (ganz unabhängig von der Frage, inwieweit diese Kunst auch tatsächlich praktiziert wurde). Die Nekromantie betraf nicht nur das heikle Verhältnis zwischen den Lebenden und den Toten, sondern wurde bereits in der Bibel erwähnt – in klerikalen Augen ein nicht unwichtiges Detail.

Es handelte sich um die Beschwörung von Samuels Totengeist durch die Hexe von Endor (Könige 1, 28), die in veränderter Form auch im Buch Jesus Sirach zitiert wird und ausführlich durch die Kirchenväter kommentiert wurde. Die Aussagen der beiden Texte stimmen keineswegs völlig überein: nach Jesus Sirach handelte es sich bei der Erscheinung um den wirklichen Samuel; das Buch der Könige hingegen läßt die Möglichkeit zu mehreren Interpretationen offen: Betrug seitens der Hexe, Erscheinung eines echten Totengeistes oder – wahrscheinlicher – teuflisches Trugbild. Augustin entscheidet sich nach langem Zögern für die letztere, »illusionistische« Lösung. Augustins Auffassung, daß es sich bei den teuflischen Phänomenen um phantastische Einbildungen ohne gegenständliche Realität handelt, wird bis zum Beginn der großen Hexenverfolgungen Allgemeingut bleiben. Erst dann, vom späten Mittelalter bis zum 17. Jahrhundert (während der Periode also, in der man auch an die reale Existenz des nächtlichen Flugs der Hexen und ihres Sabbat glaubte), wird eine »realistische« Deutung des biblischen Berichtes dominieren.

Die Verdrängung der Wiedergänger

Noch eine andere Glaubensvorstellung war der frühmittelalterlichen Kirche in diesem Zusammenhang ein Dorn im Auge: der Glaube, daß die Toten zurückkehren und ihren Verwandten erscheinen könnten. In der Religion der Antike nahmen diese Wiedergänger eine herausragende Rolle ein; so wird verständlich, weshalb sie in den Augen der

Kirchenväter zu einem der wichtigsten Beispiele für ein Fortleben des Heidentums werden konnten. Augustinus leugnet ihre Existenz in dem Traktat »Über die Sorge für die Toten« (*De cura pro mortuis gerenda*), den er am Ende seines Lebens verfaßte: die Verstorbenen, so führt er dort aus, wissen nichts über unser späteres Schicksal und sie nehmen auch keinen Anteil daran. Die Geschichte von Lazarus und dem Reichen kann als Beispiel dienen: als sich beide im Schoß Abrahams befinden, läßt es Gott nicht zu, daß Lazarus zur Erde zurückkehrt, um die Brüder des bösen Reichen zu warnen und über seine Jenseitsmartern in Kenntnis zu setzen. Ein anderes Argument Augustins ist persönlicher Natur: wenn die Toten ihren noch lebenden Verwandten erscheinen könnten, dann hätte ihm zweifellos seine verstorbene Mutter Monika, eine heilige Frau, erscheinen müssen; solches ist jedoch seit ihrem Tod niemals geschehen ...

Die Wiedergänger werden erst nach der Jahrtausendwende in die abendländische Kultur zurückkehren. In bezug auf das frühere Mittelalter muß hingegen festgestellt werden, daß Berichte über die Erscheinungen gewöhnlicher Toter weitgehend fehlen. Eine Ausnahme bilden nur die Erzählungen Gregors des Großen im vierten Buch seiner »Dialoge«; doch betreffen diese ausschließlich das noch sehr von seinem antiken Kulturerbe bestimmte Milieu Italiens.

Die Wiedergänger des Frühmittelalters, wenn man so sagen darf, gehören alle einer sehr speziellen Klasse von Toten an. Einerseits handelt es sich um Heilige, die normalerweise ausschließlich Klerikern, Mönchen oder Königen, also nur einer ausgewählten Gruppe der Lebenden, erscheinen. Wie wir bereits sahen, konnten solche Erscheinungen die Echtheit eines Heiligengrabes beglaubigen. Der andere Typ der Erscheinungen betrifft ausgesprochen »böse« oder »üble« Verstorbene: ihre Funktion ist es, dem Heiligen eine Gelegenheit zu einer Demonstration seiner übernatürlichen Fähigkeiten zu geben. Es kann sich bei diesen »bösen« Toten um Räuber handeln (so im Falle des durch den hl. Martin beschworenen Gespenstes), um hingerichtete, aber nicht ordnungsgemäß bestattete Verbrecher, um Selbstmörder, um totgeborene und ungetaufte Kinder oder um Frauen, die auf dem Kindbett verstorben waren. Alle diese Wiedergänger, die Furcht einflößten und als gefährlich galten, treiben bis heute im europäischen Volksglauben ihr Unwesen, und sie haben alle eines gemeinsam: Ihre toten Seelen finden im Jenseits keine Ruhe, weil sie nicht gemäß den üblichen Übergangsriten bestattet wurden.

Eine Erzählung aus der Vita des hl. Germanus von Auxerre, die von Constantius v. Lyon verfaßt wurde, ist in dieser Hinsicht geradezu ein Musterbeispiel phantastischer Literatur:

»Ein anderes Mal, als Germanus zur Winterszeit unterwegs war, hatte er den ganzen Tag fastend und anstrengend verbracht. Als der Abend hereinbrach, wurde ihm dringend geraten, doch irgend ein Unterkommen zu suchen. In einiger Entfernung stand ein Wohnhaus. Schon geraume Zeit war es unbewohnt, und das Dach war halb eingefallen. Aus Nachlässigkeit hatte man wilde Bäume darüber wachsen lassen. Deshalb schien es fast ratsamer, die Nacht in der Kälte unter bloßem Himmel zu verbringen, als in diese gefährliche Unterkunft zu gehen. Überdies hatten zwei Alte, die in der Nachbarschaft wohnten, gesagt, das Haus sei wegen schrecklichen Spuks unbewohnbar. Als der heilige Mann dies hörte, ging er zu den schreckenerregenden Ruinen, als wären sie ein liebenswerter Ort. Unter den vielen Zimmern, die das Haus früher hatte, fand er mit Mühe eines, das ungefähr einem Wohnraum entsprach. Dort brachte er das leichte Gepäck und die wenigen Begleiter unter. Diese nahmen einen kleinen Imbiß zu sich, der Bischof aber aß gar nichts. Als zu fortgeschrittener Nachtstunde einer der Kleriker zu lesen anfing, schlief der Bischof vom Fasten und von der Anstrengung überwältigt, ein. Da erschien dem Leser plötzlich ein schreckliches Schattenbild und richtete sich vor seinen Augen nach und nach auf – indessen ein Hagelschauer auf die Mauern trommelte. Der erschreckte Leser rief den Bischof um Hilfe. Dieser kam sofort herbei. Er sah den Umriß des Schreckensbildes, rief zuerst den Namen Jesu Christi an und befahl dann dem Bild, ihm zu bekennen, wer er sei und was er da tue. Der Geist legte sofort sein schreckliches Trugbild ab und mit der demütigen Stimme des Bittenden bekannte er, seine Gefährten und er selbst hätten gar viele Verbrechen getan; sie seien unbestattet und belästigten deshalb die Menschen, denn Ruhe könnten sie keine finden. Sie baten, er möge bei Gott für sie bitten, damit sie endgültig zur Ruhe kommen könnten. Der heilige Mann war darob betrübt. Er verlangte, ihm den Ort zu zeigen, an dem sie lägen. Mit vorausgetragener Kerze ging darauf das Schattenbild als Führer voran. Er führte sie mitten in der Nacht unter größten Schwierigkeiten zur Mitte der Ruinen und zeigte den Platz, wohin sie geworfen worden waren. Als dann der Welt der Tag wieder zurückgegeben war, rief Germanus die umliegenden Anwohner zusammen. Nachdem er mit ihnen gesprochen hatte, blieb er, um sie bei der Arbeit anzufeuern. Sie schafften die im Laufe der Zeit durcheinandergeworfenen Steine weg und reinigten sie mit Harken. Dann fanden sie die in Unordnung zerstreuten Körper. Die Gebeine waren noch mit Ketten gebunden. Dem Begräbnisbrauch entsprechend wurde nun eine Grube ausgehoben, die Glieder wurden von ihren Fesseln befreit und in Leinentücher gehüllt. Danach wurde Erde darüber geschüttet. Das Fürbittgebet wurde verrichtet. Die Verstorbenen fanden damit ihre Ruhe, die Lebenden Sicherheit. Von eben diesem Tag an blieb die Wohnstätte von jedem Schreckenszeichen frei und konnte auch wieder gut bewohnt werden.«*

---

* Übers. – leicht modifiziert – nach K. S. Frank (1975).

12. Der einzige bedeutende biblische Bericht über Wiedergänger betrifft einen Fall von Totenbeschwörung (Nekromantie): im ersten Buch der Könige (Kapitel 28) beschwört die Hexe von Endor im Auftrag König Sauls, der von Jahwe verlassen worden war, den Geist Samuels. Dem gekrönten Saul, hinter dem die Wahrsagerin (*pythonissa*) steht, gibt Samuel zu verstehen (wie auch auf dem Spruchband zu lesen ist), daß der König ihn schon am nächsten Tag ins Reich der Toten folgen werde. Tatsächlich verliert Saul in der Schlacht gegen die Philister. Die Legende des Bildes liefert folgenden Kommentar: »Der ist ein Tor, der sein Geschick zu kennen sucht; er bekommt es mit der Angst zu tun.«
(Petrus Lombardus, Kommentar der Psalmen, 2. Hälfte 12. Jahrhundert, Bamberg, Staatsbibliothek)

Zeit und Divination

Ebenso wie die Kirche alles getan hat, um die Dimension des Raumes ihrer Kontrolle zu unterwerfen – besonders jene besonderen Plätze, die Gräber der Heiligen (*loca sanctorum*), an denen die Menschen mit dem Göttlichen in Verbindung traten –, hat sie es auch nicht versäumt, die Zeit zu christianisieren, und zwar in ihren verschiedenen Dimensionen. Die geschichtliche und eschatologische Zeit wurde »christlich«: sie erhielt einen Anfang – die Schöpfungsgeschichte –, ein Ende – das Jüngste Gericht –, vor allem eine letzte Sinngebung im Heil der Seele, an dem sich von nun an alle Hoffnungen und Handlungen der Menschen ausrichten sollten. Doch auch die »erlebte« und »gelebte« Zeit, die nicht linear, sondern zyklisch verlief und durch die natürlichen Bewegungen der Sonne und des Mondes bestimmt war, wurde vom Christentum in einer neuen, spezifischen Weise gemessen und gegliedert. Auch dieser Lebens-Zeit wollte die Kirche ihr Siegel aufdrücken. Die Zivilisationen, die dem Christentum vorangegangen waren, hatten dieser lebendigen Zeit, ihrer Messung und Zählung große Beachtung geschenkt und ihr Werte zugeschrieben, die das Christentum nicht mehr zulassen konnte; statt dessen sprach man nun von einer »abergläubischen Observation« der Zeit.

Die an die Zeit gebundenen Gewohnheiten und Bräuche zählen in allen Kulturen zu jenen mentalen Strukturen, die am tiefsten im menschlichen Geist verwurzelt sind. Der Versuch, diese Strukturen zu christianisieren, sollte sich als sehr mühsam erweisen; selbst nach jahrhundertelangen Anstrengungen konnte die Kirche hier nur Teilerfolge verbuchen.

Die Auseinandersetzung um die Christianisierung der Zeit war umso schwieriger zu führen, als die natürlichen Lebensbedingungen noch unmittelbar und zwingend in das alltägliche Leben eingriffen. Ob es sich um landwirtschaftliche Arbeiten oder um Riten des Wahrsagens handelte –, der regelmäßige Kurs der Sonne und des Mondes waren zunächst einmal weniger metaphysische Probleme denn elementare Grundbedingungen des Lebens. Nach kirchlicher Lehre aber wurde der Kurs der Himmelskörper durch jene unveränderliche kosmische Schöpfungsordnung garantiert, die von Gott abhing; kein Ereignis, kein Zwischenfall konnte diese unbewegte Ordnung der Dinge stören, es sei denn Gott hätte es so angeordnet. So war man gleichsam im voraus gegen alles Unvorhergesehene versichert (was freilich die aufmerksame Beobachtung der Sterne – zwecks Berechnung des Ostertermins – nicht überflüssig machte). Dem christlichen Verständnis der Zeit war eine beruhigende Wirkung eigen, denn alles hatte in ihm einen Sinn.

Man kann das illustrieren mit jener charmanten Geschichte, in der Bauern den heiligen Germanus aufsuchen und ihn bitten, ihrem Hahn, der plötzlich verstummt war, die Stimme wiederzugeben. Nicht, daß man des Hahnengeschreies bedurft hätte, um zu wissen, daß der Morgen heraufdämmerte, doch das Verstummen des Tieres hatte etwas Lähmendes und konnte nichts Gutes verheißen. Ein Ort, wo kein Hahn mehr krähte, mußte verflucht sein. Der Heilige ist zwar etwas verdutzt über das Ansinnen der Bauern, doch in seiner Gutmütigkeit will er sich ein Wunder auch in dieser eher geringfügigen Angelegenheit (*etiam in minimis*, wie es heißt) nicht versagen: er gibt also dem Hahn die Stimme wieder und kann die Bauern so beruhigen. Es hat seinen guten Sinn, daß die Verkündung der Zeit die Menschen an den Plan Gottes erinnert; dies war letztlich auch die Funktion der Kirchenglocken, deren Gebrauch sich während des frühen Mittelalters allmählich einbürgerte.

Ein Ritual gegen die Verfinsterung des Mondes

Das ganze Frühmittelalter hindurch haben kirchliche Autoren diverse Praktiken und Glaubensvorstellungen angeprangert, die den Mond und seine Verfinsterung betrafen. Die Predigt des Pseudo-Eligius und die Bestimmungen des *Indiculus superstitionum et paganiarum* verurteilen die Auffassung, daß Verrücktheit und Wahnsinn durch den Mond ausgelöst werden können (im südlichen Italien spricht man heute noch von einem *mal di luna*). Das Leiden dieser »Mondkranken«[*] wurde teuflischer Besessenheit gleichgesetzt:

> »Niemand soll davor zurückschrecken, bei Neumond ein neues Werk zu beginnen, denn Gott hat den Mond geschaffen, um die Zeit zu bezeichnen und um die nächtliche Dunkelheit etwas erträglicher zu machen, jedoch keineswegs, um irgendeine Arbeit zu behindern oder den Menschen wahnsinnig zu machen, so wie es jene Törichten glauben, die meinen, die vom Dämon Besessenen litten unter dem Einfluß des Mondes. Man soll die Sonne oder den Mond weder ›Meister‹ nennen, noch Eide auf sie schwören, denn es handelt sich um Geschöpfe Gottes und sie dienen nach seiner Anordnung dem Nutzen der Menschen.«

Die gleichen Texte verurteilen auch den rituellen Krach, den man gewöhnlich während einer Mondfinsternis veranstaltete. Überliefert ist dieser Brauch schon bei Caesarius von Arles, doch Hrabanus Maurus,

---

[*] Frz. *lunatique*, engl. *lunatic* (A.d.Ü.).

der Erzbischof von Mainz, gibt uns im 9. Jahrhundert davon einen
Augenzeugenbericht: er erzählt, wie er eines Abends, »zwischen der
Vesper und dem Beginn der Nacht« plötzlich alarmiert wurde durch
ein »fürchterliches Gebrüll im Volke, dessen Gottlosigkeit geradezu
himmelschreiend schien.«

»Als ich fragte, was sie mit diesem Krach bezweckten, sagte man mir, mit dem Geschrei käme man dem Mond zu Hilfe, der leide; man wolle ihn während seiner Finsternis unterstützen.«

Doch begnügte man sich nicht mit Lärmen; man fuchtelte mit Waffen,
zielte mit Pfeilen in Richtung Mond und warf brennende Fackeln in
den Himmel, wobei man einstimmte in ein wahres Kriegsgeschrei:
Vinceluna, »Sieg dem Mond!«.
Und unser Bischof kommentierte:

»Ich lachte und wunderte mich, daß diese Christen in ihrer Einfalt Gott zu Hilfe eilen
wollten, so als ob dieser krank und schwach sei und nicht ohne die Unterstützung unserer Stimmen jenen Lichtkörper, den er selbst geschaffen hatte, verteidigen könne.«

Der Mond hat nichts zu befürchten, was nicht schon angeordnet wäre
in der Vorsehung Gottes, in die sich der Christ vertrauensvoll fügen
muß:

»Es soll niemand Geschrei anstimmen«, heißt es im Pseudo-Eligius, »wenn der Mond
sich verdunkelt; es geschieht auf Anordnung Gottes, daß er sich in bestimmten Mo-
menten verdunkelt.«

In der gottgewollten, kosmischen Ordnung war kein Platz für unvorhergesehene Zwischenfälle.

Die Wochentage

Doch auch in die Beobachtung der regelmäßigen Bewegungen des
Mondes und der Sonne, welche die Grundlage des Kalenders waren,
hatte sich »Aberglauben« eingeschlichen. Der erste Stein des Ansto-
ßes waren, wie schon Caesarius von Arles vermerkt, die Namen der
Wochentage. In den Ohren der Kleriker klangen sie wie eine Anrufung der heidnischen Götter, wie eine Beschwörung der Dämonen
oder der zu Idolen vergötterten Himmelskörper: Tag des Mondes,
des Mars, des Merkur, des Jupiter, der Venus, des Saturn. Hinzu kamen aber auch verschiedene Bräuche, die der Kirche ein Dorn im
Auge waren. So legten die Männer am Donnerstag zur Ehren Jupiters
ihre Arbeit nieder und die Frauen hörten auf zu spinnen:

»Und weil wir vernommen haben, daß der Teufel gewisse Frauen und Männer verführt hat, so daß die Männer am Donnerstag nicht ihrer Arbeit nachgehen und die Frauen nicht die Wolle spinnen, verkünden wir feierlich vor Gott und den Engeln, daß alle diejenigen, welche diesem Brauch haben Folge leisten wollen, dazu verdammt sind, am selben Orte zu brennen wie der Teufel, wenn sie diese schweren Frevel nicht in einer langen und harten Buße sühnen. Denn diese Elenden und Unseligen, die am Donnerstag zu Ehren Jupiters nicht arbeiten, schämen und fürchten sich keineswegs, da bin ich sicher, dieselbe Arbeit am Tag des Herrn auszuführen«.

Derartigen Bräuchen konnte die Kirche das Verhalten Gottes am Anfang der Schöpfung entgegensetzen: sechs Tage hatte er gearbeitet, um die Welt zu erschaffen, am siebten Tage aber hatte er sich ausgeruht. Für Gott ist kein Tag der Woche heiliger als irgendein anderer, mit Ausnahme eben des siebten Tages, der deshalb auch Tag des Herrn (*dies domini*) genannt wird. Während die Ruhepause des Donnerstag als schierer »Aberglauben« anzusehen ist, stellt die sonntägliche Arbeitsruhe, die den Besuch des Gottesdienstes erlauben sollte, eine für jedermann verbindliche Verpflichtung dar.

Die sieben Tage formen eine »Woche«. Diese war eine Neuerung des Christentums, denn die Woche wurde im römischen Reich durch den Codex Theodosianus (Ende des 4. Jahrhunderts) eingeführt. Die Benennung der einzelnen Tage nach Göttern wurde ersetzt durch eine simple Zählung: *feria prima*, erster Tag (Sonntag), *feria secunda*, zweiter Tag usw. Doch diese numerische Struktur, die den mythologischen Symbolgehalt vergessen machen sollte, welcher der Benennung durch heidnische Götternamen anhaftete, wollte mit Inhalt gefüllt sein. Dieses geschah durch die großen kirchlichen Feste und die Feiertage der Heiligen: sie gaben jedem einzelnen Tag eine konkrete, ja geradezu persönliche Bedeutung und gliederten ihn gleichzeitig ein in den liturgischen Zyklus des ganzen Kirchenjahres.

Man sollte einmal genauer untersuchen, weshalb sich die Wochentagsbezeichnungen in den verschiedenen europäischen Ländern seit dem Mittelalter in ganz unterschiedlicher Weise weiterentwickelt haben. Einzig in Portugal werden auch heute noch die Wochentage nach mittelalterlicher Manier durchgezählt; im Englischen und im Deutschen ersetzen hingegen germanische Götternamen die einfache kirchliche Zählung bzw. rücken an die Stelle römischer Götternamen (*Donnerstag* oder *Thursday* ersetzen etwa den *dies Iovis*, den Tag des Jupiter, der hingegen im Französischen, Italienischen und Spanischen – *Jeudi*, *Giovedi* – fortlebt). Der deutsche *Mittwoch* erscheint – in der Mitte der Woche – als eine neutrale Lösung, während das Englische hier des Gottes Wodan gedenkt (*Wednesday*). Welche tieferliegenden kulturellen Unterschiede manifestieren sich in diesen so unterschiedlichen Entwicklungen?

Götternamen waren übrigens auch in den Bezeichnungen der Monate verborgen, aber die Kirche fand sich damit ab und so haben sich diese Monatsnamen bis heute erhalten.

Die Januarkalenden

Als das Christentum langsam im Römischen Reich Fuß faßte, begann das Jahr noch nach römischem Brauch an den Kalenden des Januar, also am ersten Tag dieses Monats. Das Doppelgesicht des Janus, der diesem Monat seinen Namen lieh, war ein Symbol für den Übergang vom alten zum neuen Jahr. Die christlichen Autoren bestritten die Richtigkeit dieses Jahresbeginns: sie verwiesen auf jene Passage des Schöpfungsberichtes, wo von der »Scheidung des Lichts und der Dunkelheit« die Rede war, und zogen daraus den Schluß, daß hiermit die Tagundnachtgleiche gemeint sei und daher der 21. Februar als Jahresanfang gewählt werden müsse.

Während des Mittelalters wurde jedoch am häufigsten der Ostertermin als Jahresanfang gewählt. Ostern war ein bewegliches Fest, denn es wurde jeweils gefeiert am Sonntag nach dem ersten Vollmond, der auf die Frühlings-Tagundnachtgleiche folgte. Auf diese Weise wurde vermieden, daß das Fest der Auferstehung mit irgendeinem älteren heidnischen Fest identifiziert werden konnte. Doch setzte sich dieser Brauch niemals völlig durch, und in Frankreich wurde er endgültig durch Karl IX. aufgegeben, der im Jahre 1564 beschloß, daß das Jahr im ganzen Königreich wieder am ersten Januar beginnen sollte. Die Vorzüge eines fixen Datums und die Erfordernisse eines monarchischen Zentralstaates verbanden sich hier mit dem wiedererwachten Interesse an der Antike (die Kritik an einem Fortleben des Heidentums hatte in dieser Epoche schon lange an Aktualität verloren).

Während des ganzen Frühmittelalters aber gaben die Festesfreuden des ersten Januar den kirchlichen Autoren Anlaß zu schärfster Kritik. Die Kirche stieß sich vor allem an drei Formen dieses Brauchtums. Zuallererst lehnte sie den Brauch der »Neujahrsgeschenke« ab, ein entfernter Vorläufer unserer Weihnachtsgeschenke. Michel Meslin hat gezeigt, weshalb diese *strenae* dem christlichen Caritas-Ideal zuwiderlaufen mußten. Die »Neujahrsgeschenke« waren ein Produkt der römischen Sozialordnung, vor allem des Klientelwesens: der Patron verteilte am Neujahrstag diverse Wohltaten, um sich das folgende Jahr hindurch der Loyalität seiner Klientel zu versichern. Für das Christentum handelte es sich hier um »teuflische Geschenke«, um eine eigennützige Gabe, welche negative moralische Folgen nach sich zog: Neid bei demjenigen, der die Wohltat empfing, auf Seiten des Gebers hingegen eine Verachtung des Empfängers. Ganz anders verhielt es sich mit dem christlichen Almosen, einer unentgeltlichen und einseitigen Gabe. Auch das Spenden von Almosen wurde freilich belohnt, nur nicht mit irdischen Gütern:

»Verzichtet auf den Brauch der Neujahrsgeschenke, habe ich euch gesagt, beschenkt statt dessen die Armen. Man erwidert mir: »Wenn ich Neujahrsgeschenke gebe, dann erhalte auch ich im Gegenzug eine Gabe«. Was ihr jedoch den Armen gebt – so verspricht der Herr – das werdet ihr hundertfach zurückerstattet bekommen« (Caesarius von Arles). Dasselbe Argument taucht beispielsweise im 8. Jahrhundert in der gegen den Aberglauben gerichteten Predigt des Pseudo-Eligius auf, ebenso wie noch zu Beginn des 12. Jahrhunderts in einer Homelie des Pariser Bischofs Maurice de Sully, anläßlich des Festes der Beschneidung des Herrn.

Die kirchliche Kritik an den Kalenden des Januar betraf zweitens vor allem die Maskeraden. Keine Vokabel schien drastisch genug, um die Torheit, die Schamlosigkeit, den Wahnsinn dieser Praktiken anzuprangern.

»Als Hirsche verkleidet, verwandeln sie ihre Erscheinung in diejenige wilder Bestien. Andere vermummen sich in Schafshäuten, wieder andere tragen Tiermasken, und sie haben einen Heidenspaß, ein tierisches Vergnügen, wenn es ihnen gelingt, wie wilde Tiere auszusehen und nicht mehr wie Menschen«.

Die Angaben der Texte differieren freilich stark, sei es infolge von realen Unterschieden in den einzelnen Bräuchen, sei es wegen Abschreibefehlern der Kopisten. Die Kostümierung als »alte Vetteln« (*vetula*) wurde zuweilen mit den Maskeraden in den Häuten von Kälbern (*vitulus*) verwechselt (so etwa am Ende des 6. Jahrhunderts durch das Konzil von Auxerre); auf die gleiche Weise wurden aus Lämmern (*agnicula*) leicht *annicula* (einjährige Tiere) oder auch *anicula* (alte Mütterchen). Doch nicht auf ethnographische Einzelheiten kam es hier an, sondern auf die Denunziation der Maske als frevelhafte Verkehrung der göttlichen Schöpfungsordnung, als Negation der radikalen Gegensätze zwischen Tier und Mensch, Mann und Frau. Die Maskeraden rührten an Differenzen, deren Notwendigkeit die jüdisch-christliche Kultur unermüdlich einschärfte und auf die sie ihre Anthropologie gründete. Die Verwandlung des Menschen in ein Tier, besonders augenscheinlich im Fall der Werwölfe, war für das Christentum eine Ungeheuerlichkeit. Die Masken waren Symbole einer sozialen Regelverletzung, hatten aber gleichzeitig den Zweck, im kritischen Moment des Jahreswechsels die unsichtbaren Mächte zu beschwören und zu vergegenwärtigen. Aber insofern die Kirche die Maskeraden als eine vom Teufel inspirierte Aktivität ansah, gestand sie ihnen – implizit und gleichsam unfreiwillig – einen religiösen Wert zu. Dasselbe gilt für die an Neujahr abgelegten Gelübde: die Kirche lehnte sie ab als eine illegitime Form von Divination, denn hier wurde an Stelle Gottes den Dämonen die Herrschaft über die Zeit zugestanden.

Die Christianisierung der Zeit

Doch das abergläubische Fest der Januarkalenden hatte alle Chancen, hartnäckig zu überdauern. Die Kirche befand sich hier in einer Zwickmühle: zwar feierte sie schon damals am 25. Dezember die Geburt des Herrn und am 6. Januar das Fest der Heiligen Drei Könige, doch tat sie sich schwer, für den dazwischenliegenden Termin des 1. Januar ein christliches Gedenkdatum zu finden. Das einzige Ereignis im Leben Christi, das sich an diesem Termin chronologisch stimmig anbot, war seine Beschneidung: so fand denn das Fest der »Beschneidung des Herrn« Eingang in die christliche Liturgie. Seine Ursprünge liegen weitgehend im dunkeln: die orientalische Kirche scheint es im 5. Jahrhundert erstmals begangen zu haben. Im 6. Jahrhundert taucht es in der gallikanischen Liturgie auf. Seine Rolle als Lückenbüßer, als Gegenveranstaltung zu den Januarkalenden ist evident: die Liturgie dieses Tages enthält sogar eine Messe *Prohibendum ab idolis*, »gegen die Götzen …«. Die paganen Freuden, den »Heiden-Spaß« dieses Tages konterkarierte die Kirche, indem sie diesen Termin als Fastenzeit deklarierte. Ein solches Fasten wird das erste Mal im Jahre 567 auf dem Konzil von Tours erwähnt, das in seinem 17. Kanon folgendes verlauten ließ: »In Anbetracht der Tatsache, daß die Tage zwischen Weihnachten und Epiphanie eine einzige Periode der Feste sind, hat man in dieser Zeit reichlich Gelegenheit, den kulinarischen Freuden zu frönen. Um aber heidnischem Brauch vorzubeugen, haben unsere Väter beschlossen, daß man am Tag der Kalenden des Januar Litaneien [Flehgebete] und Psalmen singt und zur achten Stunde desselben Tages die Messe der Beschneidung gefeiert wird.«

In den römischen Kalender fanden schließlich noch andere Feste Eingang, die ebenfalls allesamt einem kirchlichen Verdikt verfielen: im Winter die *Saturnalia* am 17. Dezember und die *Brumalia* am 25. Dezember (also am gleichen Datum wie das Weihnachtsfest); im Sommer die *Volcanalia* am 23. Juni, die durch das Fest des hl. Johannes des Täufers (24. Juni) ersetzt wurden, und die *Neptunalia* am 23. Juli.

Bald erfolgte die Verdammung weiterer Feste, beispielsweise eines »Tages der Motten und Mäuse« (*dies tinearum et murium*), an dem man jenen Tieren Kleiderfetzen oder Nahrungshäppchen auslegte, um sich gegen ihre Räubereien während des restlichen Jahres zu versichern (so die Angaben des Martin von Braga, die von der *Vita Eligii* übernommen werden).

Bestimmte römische Festlichkeiten wie die *Spurcalia* im Februar – die Tage des Schweines (*spurcus*) – waren leicht mit den Festdaten des noch älteren, keltischen Kalenders zu verwechseln. Die Kelten teilten das Jahr in vier verschiedene Jahreszeiten ein, die auf einer Berechnung des Mond- und Sonnenzyklus beruhten. Jede dieser Perioden begann 40 Tage (d. h. einundeinhalb Mondzyklen) nach einer Sonnenwende oder einer Tagundnachtgleiche: *Imbolc* begann am 2. Februar (nach der Wintersonnenwende), *Beltaine* am 1. Mai (nach der Tagundnachtgleiche des Frühlings), *Lugnasad* am 1. August (nach der Sommersonnenwende), *Samhain* am 1. November (nach der Herbstsonnenwende).

Mit der fränkischen Besiedlung Galliens kam jedoch auch der schon bei Tacitus erwähnte germanische Festkalender ins Spiel und vermischte sich mit älteren Kalendarien. Doch keiner dieser Einflüsse vermochte sich letztlich zu behaupten gegen die synthetische Kraft der christlichen Zeit: die älteren Traditionen wurden vielmehr aufgesogen, einverleibt in einem neuen Kalender, der in einer ganz ungekannten Einstimmigkeit allen wichtigen Zeitpunkten des Jahres seinen Stempel aufdrückte, d. h. einen christlichen Symbolgehalt gab.

Daher ist es unzureichend, die Existenz eines bestimmten christlichen Festes bloß in reduktionistischer Manier aus einem am gleichen Termin gefeierten heidnischen Fest zu erklären. Die Geschichte ist in ständigem Fluß; der Kalender ist eines ihrer Produkte. An dieser Geschichtlichkeit des christlichen Kalenders ist umso mehr festzuhalten, als sich die gesellschaftliche Aneignung der Zeit im Laufe der Jahrhunderte gewandelt hat: die verschiedenen Zyklen des Kirchenjahres haben sich während des Mittelalters allmählich mit einander diametral entgegengesetzten Symbolgehalten verbunden. Neu war vor allem der Gegensatz zwischen einer »Fastenzeit« und einer »Zeit des Fleisches«, einer Zeit der »fetten Tage«. So entstand eine neue Zeit, eine neue Festlichkeit, die sich nicht allein aus ihren entfernten, antiken Vorläufern ableiten läßt: die Fastnacht, der Karneval.

Die Wahrsagekunst

Ein anderes Hauptthema in der Auseinandersetzung um die Zeit, die zwischen Kirche und »Aberglauben« wogte, war die Wahrsagekunst (Divination). Ob es sich um die Deutung gewisser Zeichen oder um den Glauben an Glücks- und Unglückstage handelte – stets ging es um eine Vorhersage der Zukunft oder um eine Entscheidung über eine Handlung, die an bestimmten Tagen zu vollziehen oder zu vermeiden war. Alle diese Fälle manifestierten den Willen, sich die Zeit anzueignen, die Gott allein gehörte, oder in den vorzeitigen Besitz der *occulta Dei* zu gelangen, der Geheimnisse, die Gott allein bekannt waren.

Wenn die Kirche das Wahrsagen als ein Wesenselement des griechisch-römischen Heidentums betrachtete, so konnte sie dafür schwerwiegende Argumente ins Feld führen. Die Divination spielte bekanntlich in Politik und Staatsreligion der Römer eine wichtige Rolle. In dieser römischen Kultur hatte der hl. Augustin seinerzeit jenes Verzeichnis der verschiedenen Typen des Wahrsagens und der Wahrsager gefunden, das dann das ganze Mittelalter hindurch in den Texten zirkulieren sollte: es findet sich wieder bei Hinkmar von Reims (*De doctrina christiana*) und auch im *Decretum* Gratians, vor allem aber wird es zitiert in den Etymologien Isidors von Sevilla. Tatsächlich basierte dieses Verzeichnis weniger auf beobachteter Wirklichkeit denn auf etymologischer Spekulation, lieferte aber einen theoretischen Rahmen zur Klassifizierung aller unerlaubter Formen des Wahrsagens. Wenn die Angaben dieser Liste also auch wenig über die tatsächliche Realität aussagen, so kam ihnen im Kampf gegen die Superstitionen doch praktische Wirksamkeit zu. Für einige der erwähnten Techniken verfügen wir glücklicherweise noch über konkretere Zeugnisse, so daß sich in diesem Fall die realen Praktiken rekonstruieren lassen.

An erster Stelle präsentiert uns dieses Verzeichnis die Generalisten der »magischen Kunst«: die Magier (*magi*), die in die Sterne schauen. Von ihrer Verurteilung wurden nur jene drei morgenländischen »Weisen« ausgenommen, die zur Verehrung des Jesus-Kindes nach Bethlehem gekommen waren: man machte aus ihnen nicht nur Könige, sondern betrachtete auch den Stern, dem sie gefolgt waren, nicht als natürlichen Himmelskörper, sondern als wunderbare Erscheinung.

Auf die *magi* folgten weitere Typen: die *nigromantici*, von denen bereits die Rede war; die *hydromantii*, welche »das Wasser untersuchen, um die Schatten der Dämonen auszumachen und ihre Trugbilder zu betrachten«. Die *incantatores* »praktizieren ihre Kunst mithilfe von Worten«; die *arioli* »intonieren unheilvolle Gebete an den Altären der Götzen, begehen scheußliche Opfer und erzwingen durch diese Zeremonien die Antwort der Dämonen; die *haruspices* »prüfen vor dem Vollzug irgendeiner Verrichtung oder Arbeit den geeigneten Zeitpunkt, beschauen die Eingeweide, das Fleisch und die Schulterblätter des Viehs und sagen auf diese Weise zukünftige Ereignisse voraus«; die *auguri* und *auspices* beobachten Flug und Gesang der Vögel; die *genethliaci* oder *mathematici* (die erste Bezeichnung war angeblich populärer: *vulgo nuncupantur* heißt es in unserem Text) ermitteln die Bestimmung eines Menschen durch die Berechnung der Sternkonstellation am Tage seiner Geburt. Schließlich erwähnte die Liste noch *pythonissae* oder »Bauchredner«, *astrologi*, »die Vorzeichen aus den Gestirnen [*astra*] herauslesen«, *praestigiatores* oder *obstrigili*, »welche die Sehschärfe der menschlichen Augen verdunkeln«, und *sortilegi*, die »unter dem Deckmantel falscher Religiosität die Kunst des Wahrsagens durch Lose ausüben [auch *Sortes Sanctorum* ›Lose der Heiligen‹ genannt] und die nach Betrachtung gewisser Schriften zukünftige Dinge versprechen«.

Die Losbücher der Heiligen und Apostel

Die Bezeichnungen *Sortes Sanctorum* und *Sortes Apostolorum* (die in bestimmten Quellen auch als *Sortes virgiliae* oder *Sortes homericae* firmieren) bezeichneten zunächst – seit dem 4. Jahrhundert – eine Form von Mantik mit Hilfe der heiligen Schriften. Bereits Augustin verurteilte »diejenigen, die aus den Seiten des Evangelium Orakel ableiten« (*qui de paginis evangelicis sortes legunt*). Während des ganzen Frühmittelalters werden diese Verbote auf den Konzilien unablässig wiederholt; sie finden sich ebenso in karolingischen Kapitularien, in frühmittelalterlichen Bußbüchern oder bei Autoren wie Hinkmar von Reims (»Über die Scheidung Lothars«). Noch um 1200 wettert Alanus ab Insulis in seinem Bußtraktat.

»Man darf keine Orakel veranstalten mit Tafeln oder Schriften, um sich der Zukunft zu bemächtigen; und keiner soll sich erdreisten, solches mit dem Evangelium, dem Psalter oder anderen Dingen zu versuchen, oder wie auch immer aufgrund irgendeiner Sache auf Vorzeichen zu schließen. Wer derartiges getan hat, verfällt einer Buße nach Ermessen des Priesters.«

In Wirklichkeit fanden sich jedoch die eifrigsten Anhänger solcher Praktiken im Klerus selbst; Gregor von Tours beschreibt detailliert, wie die Kleriker die drei heiligen Bücher (Propheten, Apostelbriefe und Evangelium) auf den Altar legten und dann jeweils aufs Geratewohl eine Seite mit einem bestimmten Schriftvers aufschlugen: das Schriftwort wurde dann gedeutet und sollte auf diese Weise die Zukunft erhellen oder eine bestimmte Entscheidung erleichtern; bei Bischofs- oder Abtswahlen etwa konnten diese *Sortes apostolorum* durchaus zum Einsatz kommen …

Nach Sulpicius Severus gelangte der heilige Martin auf eben solche Weise in Tours zur Bischofswürde; und die Vita des hl. Anianus berichtet die gleiche Episode aus Orléans: ein der Sprache noch nicht mächtiges Kind – Symbol der Unschuld – wurde vor den Altar geführt, auf dem die biblischen Bücher lagen; in dem Augenblick, in dem es die Hand ausstreckte, ertönte im Volk – »ohne vorhergehende Absprache« – plötzlich der Ruf: »Anianus, Anianus, Anianus, du bist von Gott zum Bischof dieser Stadt eingesetzt«. Als das Kind den Psalter aufschlug, lautete der erste lesbare Vers: »Glücklich der, den du gewählt hast …«. – Als das Buch der Apostelbriefe aufgeschlagen wurde, war zu lesen: »Niemand kann ein anderes Fundament errichten …«. Und der Vers des Evangeliums lautete schließlich: »Auf diesen Fels werde ich meine Kirche bauen ...«. Man kam also zu dem Ergebnis, daß die drei Bücher die Intuition des Volkes bestätigten: der Wille Gottes hatte sich auf verschiedene, aber einmütige Weise zugunsten des Anianus bekundet, der sogleich zum Bischof ernannt wurde. In allen diesen Beispielen – und bis ins 12. Jahrhundert könnte man ihre Zahl leicht vermehren – ist freilich nicht die Rede von »Aberglauben«: in anderen Händen wäre der divinatorische Gebrauch der heiligen Bücher leicht zu einem Sakrileg geworden, was hier jedoch die Vorsicht der Kleriker verhinderte. Bei rechtmäßigem Gebrauch galten die *Sortes Apostolorum* jedenfalls als eine Offenbarung des göttlichen Willens: das Ergebnis betrachtete man niemals als zufälliges, als ein Werk der antiken *fortuna*, sondern als eine Manifestation der göttlichen Vorsehung, deren verborgene Wege auf den Altären und in den Kodizes der Heiligen Schrift erfahrbar wurden. Die kirchlichen Autoritäten, denen die Entscheidung zwischen der (eigenen) »Religion« und dem »Aberglauben« (der anderen) anvertraut war, waren daher unbesorgt ...

Hinter der Bezeichnung *Sortes apostolorum* konnten sich auch spezielle Sammlungen von Orakelsprüchen verbergen. Bereits Ende des 5. Jahrhunderts verurteilte ein römisches Konzil ein »apocryphes Buch mit dem Namen ›Lose der Apostel‹«. Ein knappes Dutzend solcher Sammlungen ist erhalten: die ältesten stammen aus dem 10. Jahrhundert, andere sind sichtlich jüngeren Datums und in altfranzösischer oder provenzalischer Sprache verfaßt. Einen dieser Texte, der ins 13. oder 14. Jahrhundert datiert wird, entdeckte man im südfranzösischen Cordes, versteckt hinter einer Mauer; er umfaßt 57 in okzitanisch formulierte Verse; blaue oder gelbe Schnüre erlaubten, aufs Geratewohl eine Zeile zu bestimmen, deren Wortlaut dann gedeutet werden mußte ... In den lateinischen *Sortes* bedient man sich anstelle von Schnüren numerischer Techniken: jeder Vers war numeriert.

Und so lauteten einige der Sprüche, welche die Benutzer solcher Bücher »ziehen« konnten:

»Du sollst beherzt zu Werke gehen in der Angelegenheit, die dich beschäftigt; so kannst du erlangen, was du erhoffst.

Der Weg, den du suchst, ist der rechte: sei ohne Furcht; Gott wird dir zu Hilfe kommen und du wirst besitzen, was du ersehnst.

Wie das Schiff auf der hohen See an das gewünschte Ziel gelangt, wenn es gut gelenkt wird, so wirst auch du rasch ans Ziel deiner Hoffnungen gelangen.

Dieses Mal mußt du dich entfernen; die Orakel wollen dir nicht antworten; kommst du ein anderes Mal, so werden sie dir die Wahrheit sagen.«

In ihrer Kombination von moralischem Zuspruch und wohlgemeinten Ratschlägen erinnern diese Ende des 13. Jahrhunderts verfaßten »Orakel« doch sehr an die unbestimmten Auskünfte einer modernen Wahrsagerin. Gewiß, es handelte sich nicht um »Aberglauben« in jenem Sinn, wie ihn merowingische Bischöfe definiert hatten: nicht heidnische Götter oder Dämonen werden hier angerufen, vielmehr hatte der christliche Gott seinen festen Platz in den Orakelsprüchen. Doch die Orthodoxie des Ganzen ist keineswegs abgesichert, weder durch die Heilige Schrift noch durch einen Kleriker, der mit dem Ziehen der Lose beauftragt worden wäre und eventuellen Mißbrauch hätte verhindern können. Das erwähnte Buch wurde wahrscheinlich von einem Laien benutzt; und am Ende des 13. oder am Beginn des 14. Jahrhunderts genügte dies, um die Schrift zu einem geheimen Objekt zu machen ...

In der oben erwähnten Liste Augustins werden noch andere Formen des Wahrsagens erwähnt: zum Beispiel der Glaube an die »ägyptischen Tage«, Überbleibsel der in der Antike populären Wahrsagekunst des Orients. Gemäß den Aussagen der Astrologen hielt man zwei oder drei Tage jedes Monats für ganz besonders unheilvoll. Die ständige Erwähnung dieser »ägyptischen Tage« in den Texten läßt vermuten, daß es sich hier um einen durchaus noch lebendigen Volksglauben handelte. Noch im 13. Jahrhundert erwähnt Durandus, der Bischof von Mende, eine Mnemotechnik, um sich die »ägyptischen Tage« jedes Monats zu merken (den ersten und siebten Januar zum Beispiel) ...

Die Interpretation von Vorzeichen

Hinsichtlich der Beobachtung und Deutung von Vorzeichen übernehmen die Bußbücher und die Konzilstexte schließlich wortgetreu die augustinischen Beispiele: man soll der unwillkürlichen Bewegung eines Körpergliedes, dem Husten eines Menschen oder eines Tieres, der unerwarteten Begegnung mit einem Buckligen oder Priester (!) keine Bedeutung beimessen. Je jünger diese Bußtexte sind, umso umfangreicher werden die diesbezüglichen Angaben. Die Vorzeichengläubigkeit ist weitverbreitet:

»Hast du dem folgenden Aberglauben Beachtung geschenkt: die Reisenden, die eine krächzende Krähe von rechts nach links vorbeifliegen sehen, erhoffen sich eine gute Reise, und in der Sorge, wohlbehalten an ihr Ziel zu gelangen, sind sie zuversichtlich,

wenn dieser Vogel, der auch Mäusefänger genannt wird, ihren Weg kreuzt. Wenn ja, so
büße durch fünftägiges Fasten unter Wasser und Brot.

Hast du das getan, was manche bei dem Besuch eines Kranken tun? Wenn sie sich
dem Hause des Kranken nähern und auf ihrem Weg einen Stein finden, dann drehen sie
diesen um und schauen, ob sich darunter irgendeine lebende Kreatur befindet. Wenn
sie einen Wurm, ein Insekt, eine Ameise oder irgendein anderes Tierchen finden, dann
verkünden sie, daß der Kranke genesen wird. Wenn sie aber nichts finden, so glauben
sie, er werde sterben. Wenn du das getan oder geglaubt hast: zwanzigtägiges Fasten bei
Wasser und Brot.«

Auch narrative Quellen enthalten viele Nachrichten oder wahrsageri-
sche Praktiken, die offensichtlich alle Schichten der Bevölkerung betrafen. Ein gutes Beispiel stellt etwa die Biographie Karls des Großen
von Einhard dar. Drei Jahre vor dem Tode des Kaisers kam es immer
häufiger zu »außergewöhnlichen Zeichen« (*prodigia*), die »seiner
Umgebung und ihm selbst keinen Zweifel über das unmittelbare Be-
vorstehen des entscheidenden Augenblicks ließen«: Sonnen- und
Mondfinsternisse, Sonnenflecken, der Einsturz einer Säulenhalle, der
Brand der Mainzer Brücke, ein Sturz vom Pferd, ein Beben des Pala-
stes, eine Ehreninschrift, in der das Wort *princeps* unleserlich geworden war. »Doch der König beachtete keines dieser Vorzeichen (*supe-
riora omnia*); er strafte sie mit Verachtung und tat, wie wenn er sie als
völlig bedeutungslos betrachtete«. Doch Karl beeilte sich nichtsdestotrotz, ein Testament aufzusetzen, und Einhard selbst war sich nicht
zu schade, eine detaillierte Erklärung all dieser Vorzeichen zu versuchen.

Die Träume und der Teufel

Unter den Vorzeichen spielten die Träume, die eine Warnung beinhal-
teten, eine besondere Rolle; im Problemkreis des »Aberglaubens«
nimmt ihre Thematik überdies eine zentrale Stellung ein. Träume waren Trugbilder: jedenfalls bis zur zweiten Hälfte des Mittelalters wurden sie dem großen Reich des Phantastischen zugerechnet. Gleichwohl waren sie – wie die Losorakel und die Divinationspraktiken – ein
zweideutiges Phänomen, ein Gebiet, wo die objektive Unterscheidung zwischen »Religion« und »Aberglaubens«, zwischen Wahrheit
und Irrtum schwerfiel.

Die Position des Christentums gegenüber den Träumen ist durch
ein doppeltes Erbe bestimmt. Zum einen sind hier die Aussagen der

Heiligen Schrift zu berücksichtigen, die bereits in sich selbst eine zweideutige Tradition darstellen: die von Daniel oder Joseph gedeuteten Träume erscheinen als positive Werkzeuge der göttlichen Offenbarung, während die heidnischen Traumdeuter in den Augen Jahwes Betrüger sind. Das Mittelalter wird oft das fünfte Buch Mose (13,1-4) zitieren, wo es beispielsweise heißt:

»Wenn sich in eurer Mitte ein Prophet erhebt, der einen Traum gehabt haben will und ein Vorzeichen [*signum atque portentum*] verkündet, und dann tatsächlich eintrifft, was er vorhergesagt hat, und wenn er dann sagt: ›Kommt, folgen wir den fremden Göttern, die ihr nicht kennt, und dienen wir ihnen‹, dann sollt ihr den Worten dieses Propheten oder Träumers [*somniatoris*] kein Gehör schenken, denn es handelt sich nur um eine Prüfung, die euch Gott auferlegt.«

Andererseits ist das Christentum jedoch auch dem Erbe der griechischen und römischen Antike verpflichtet. Diese hat die verschiedenen Träume einer Klassifikation unterworfen, etwa in Form jener Liste, die Macrobius im 5. Jahrhundert durch seinen Kommentar von Ciceros *Somnium Scipionis* bekannt machte. Macrobius kennt fünf Typen von Träumen, die sich jeweils durch ihre äußeren Bedingungen, aber auch durch die dargestellten Trauminhalte unterscheiden. Das *insomnium* (die griechische Entsprechung lautete *enupnion*) und das *visum*, welches nach dem Griechischen zuweilen auch als *phantasma* bezeichnet wird, sind Formen des Träumens, die auf gleichzeitigen oder vorhergehenden Sinneserfahrungen (z. B. körperlichen oder seelischen Kränkungen) beruhen und die keiner besonderen Interpretation bedürfen. Die drei höheren Traumformen hingegen, das *oraculum* (oder *chrematismos*), die *visio* (*orama*) und vor allem das *somnium* (*oneiros*), sind prophetischer Natur, sie verkünden die Zukunft; ihr Sinn ist freilich in Symbolen verschlüsselt, die es zu deuten gilt.

Diese Typologie der Träume war während des frühen Mittelalters von untergeordneter Bedeutung; wiederentdeckt wird sie erst im 12. Jahrhundert durch Alcher von Clairvaux in seinem *Liber de spiritu et anima*, dessen großer Erfolg auf der irrtümlichen Zuschreibung an Augustin beruhte. Das Frühmittelalter bewahrte, wenn auch nicht die Typologie als solche, so doch wenigstens deren Vokabular, besonders das Wort *somnium*, dessen Plural – *somnia* – in der christlichen Kultur zum Gattungsbegriff für den Traum schlechthin avanciert, daneben aber auch die Bezeichnung *phantasma* (oder erweitert *phantasmata*), die zum Inbegriff des unheilvollen, trügerischen und teuflischen Traumes werden sollte.

13. Die offiziellen Wahrsager Nebukadnezars vermochten das Traumgesicht nicht zu
deuten, das dem König erschienen war. Doch Gott offenbarte seinem Propheten Daniel den Inhalt und die Bedeutung der Vision. Der König hatte im Schlaf eine Statue aus
Gold, Silber, Bronze und Eisen gesehen, die auf tönernen Füßen stand. Ein herabstür-
zender Felsbrocken zerstörte das Standbild, um daraufhin zu riesenhafter Größe an-
zuwachsen und die gesamte Erde auszufüllen. Dieser Traum kündigte die Zerstörung
seines Imperiums und die Heraufkunft des Gottesreiches an: die Kirche wird darin
eine Vorhersage der Ankunft Christi sehen.
(Kommentar des Buches Daniel, Ende 10. Jahrhundert, Bamberg, Staatsbibliothek)

Die antike Traumtypologie ersetzt das Christentum durch eine Einteilung, die in zweifacher Hinsicht Neues bringt. Zunächst ordnet sie den Traum (*somnia*) der Gruppe der visionären Erfahrungen zu und bezeichnet ihn mit dem bald generellen, bald speziellen Begriff der *visio*: ein Traum ist nichts anderes als eine während des Schlafes empfangene Vision. Tertullian und in der Folge Augustin, Cassian und Gregor der Große – in Ausführungen mit jeweils verschiedenem Systematisierungsgrad – klassifizieren die Träume nicht mehr hinsichtlich ihrer Form und ihrer Transparenz, sondern hinsichtlich ihrer Herkunft und ihrer »Wahrheit« (ein zentraler und spezifisch christlicher Begriff vor allem für Augustin, der sich in *De mendacio* als regelrechter Theoretiker der Lüge erweist). Von jetzt an wird man nur noch zwischen zwei oder drei verschiedenen Typen von Träumen unterscheiden. Die »wahren« Träume sind von Gott gesandt und begegnen nun immer häufiger in der Hagiographie – Träume der Heiligen, der Mönche und der christlichen Könige. Die falschen, nichtigen und täuschenden Träume – *phantasticae illusiones* – stammen hingegen vom Teufel; es sind die Träume übler Menschen, sie betreffen manchmal aber auch Heilige, die der »alte Feind« auf jede Weise zu hintergehen sucht (so im Falle des hl. Antonius). Schließlich kennt man noch Träume, die körperliche Ursachen haben; die in der antiken Tradition verwurzelte Medizin interessiert sich in zunehmendem Maße für sie, während die christliche Moral ihnen gewöhnlich mit Skepsis begegnet, handelt es sich doch um Träume, die durch Unzucht oder übermäßiges Trinken entstanden sind und nächtliche Samenergüsse auslösen. Auch hier ist der Teufel nicht fern ...

Träumen war in jedem Fall eine heikle Angelegenheit. Dies gilt umso mehr, als Träume in gewissen Sinne offene Fenster zu einem Jenseits waren, das den Sinnen des Menschen ansonsten verschlossen war; sie offenbarten Zukünftiges und Verborgenes. Die Zukunft gehörte zwar Gott allein, doch die Dämonen konnten vorzeitig in ihren Besitz gelangen, um Teile davon im Schlaf auch den Menschen zu verkünden. Was den Klerus betrifft, so brauchten sich die kirchlichen Autoritäten nicht weiter um die Approbation der Träumer und Traumdeuter zu sorgen: die einschlägigen Topoi der Hagiographie, etabliert etwa im »Leben der Wüstenväter« und bei Gregor dem Großen, boten Mönchen und Klerikern ausreichende Verhaltensnormen; sie wußten also, daß sich das Nahen des Todes durch einen Traum ankündigt und man gegebenenfalls Buße tun muß, um ganz rein vor

Gott zu treten. Problematischer erschien es, wenn »einfache und ungebildete Menschen«, »Bauern und Analphabeten« sich die Deutung der eigenen Träume anmaßten, also die direkte Kommunikation mit dem Jenseits ohne kirchliche Vermittlung; ohne Zweifel konnte sich hier leicht der Teufel einmischen ...

14. Nicht nur ein Träumer von Gottes Gnaden war Joseph – der Genesis-Bericht nennt ihn lapidar *somniator* –, sondern auch ein gesuchter Traumdeuter am ägyptischen Hofe. Dem Pharaon träumte einmal von sieben mageren Kühen, die sieben fette Kühe verspeisten. Joseph erklärte ihm die Bedeutung dieses Traumes: auf sieben Jahre des Überflusses würden sieben magere Hungerjahre folgen, daher müsse er Vorsorge treffen und die Getreidespeicher anfüllen.
(*Historia universalis*, 13. Jahrhundert, Dijon, Bibliothèque municipale)

So bleibt die Einstellung der Kirche bestimmt von einer fundamentalen Ambivalenz. Bei Vorliegen der entsprechenden Garantien konnte das Phänomen des Traumes durchaus in den Geruch der Heiligkeit kommen. Im gegenteiligen Fall aber geriet der Traum in Verdacht, eine Angelegenheit des »Heidentums« und des »Aberglaubens« zu sein – eine Position, die vor allem im frühen Mittelalter verbreitet war: »dieselben, welche Götzen verehren, sehen auch eingebildete Dinge in ihren Träumen«, schrieb Prosper von Aquitanien, ein Freund des heiligen Augustin.

Die Träume Daniels

Seit dem Konzil von Ancyra von 314 verurteilte die Kirche »diejenigen, die nach heidnischem Brauch Vorzeichen, Träume oder Orakel deuten«. Später wurden regelmäßig sogenannte *conjectores somniorum*, »die Mutmaßungen aufgrund von Träumen anstellen«, in den kirchlichen Texten angeprangert. Das Pariser Konzil von 829 und ebenso Bischof Herardus von Tours (um 858) stellten diese Traumdeuter auf dieselbe Stufe mit »Wahrsagern, Sehern, Loswerfern, Giftmischern und Zauberern«. Ein bekannter Text des Bischofs Martin von Braga wird bis zum Dekret Gratians (im 12. Jahrhundert) immer wieder in der kanonischen Literatur zitiert: er verurteilt »alle, welche jene Traumschriften (*somnialia scripta*) verwenden, die zu Unrecht den Namen Daniels tragen, oder welche die *Sortes Apostolorum* praktizieren«. Wie die Lose der Apostel, von denen bereits die Rede war, sind die *Somnialia Danielis* Beispiele einer »magischen Verwendung der Schrift« (wie Joseph-Claude Poulin es nannte). Nicht weniger zweideutig als die *Sortes*, aber fälschlicherweise dem Propheten Daniel zugeordnet und ohne Unterlaß verurteilt, fanden diese Texte aller Wahrscheinlichkeit nach vor allem in klerikalen Kreisen Verwendung.

Aus dem früheren Mittelalter ist uns kein derartiges Traumbuch erhalten geblieben; die ältesten Manuskripte datieren aus dem 11. Jahrhundert; die späteren Handschriften, verteilt über ganz Europa, sind oft in den Volkssprachen verfaßt, woraus man schließen darf, daß sie nicht nur von Klerikern benutzt wurden. Auch wenn sie große Ähnlichkeit mit den hellenistischen Traumbüchern aufweisen – beispielsweise mit der »Traumdeutung« (*Oneirocritica*) des Artemidoros von

Ephesos aus dem 2. Jahrhundert n. Chr. – so stehen sie doch nicht in einer unmittelbaren literarischen Abhängigkeit von diesen, sondern waren zunächst der Vermittlung durch die arabische Tradition verpflichtet. Es handelt sich um Texte, die in den französischen Versionen des 13. und 14. Jahrhunderts Namen tragen wie *Livre de Daniel* (»Buch Daniels«), *Sénéfiance des Songes* (»Bedeutung der Träume«) oder *Des soinges et esperimens de soinges* (»Über Träume und Traumerfahrungen«); sie bestehen aus langen Listen von hundert oder mehr Versen, die entweder nach dem Alphabet (entsprechend dem ersten Wort einer Verszeile) oder nach Themen geordnet sind. Jeder Vers erklärt die Bedeutung bestimmter Traumbilder:

»Mit dem Tod sprechen, hat eine positive Bedeutung. Den Tod sehen oder mit ihm sprechen, bedeutet Freude oder Fröhlichkeit; mit einer schönen Frau schlafen, Gewinn; Schlafen mit seiner eigenen Frau, Streit; mit einer Jungfrau, Angst; mit seiner Schwester, Schaden; mit seiner Mutter, Gesundheit …«

Es ist schwer zu sagen, wie der tatsächliche Gebrauch dieser Traumbücher aussah. Die narrativen Texte machen darüber keine Aussagen, auch wenn sie sich lange über die Praktiken der Traumdeuter auslassen, wie zum Beispiel im Fall der Mutter Guibert de Nogents, welche die Träume Guiberts, seines Erziehers oder von Nachbarsfrauen deutete. Dieses Beispiel vermittelt einen guten Eindruck, welchen Stellenwert der Traum im damaligen Alltag einnahm: eine von allen geteilte Erfahrung, die aber dennoch angstbesetzt ist hinsichtlich ihrer prognostischen Bedeutung für die Zukunft. Die Träumer von damals wandten sich zur Entschlüsselung ihrer Träume an Männer oder – häufiger noch – an Frauen, die alle Chancen hatten, als Heilige zu gelten, wenn man sie nicht als Hexen verdächtigte …

IV

»Aberglauben« in der Dorfgesellschaft des späteren Mittelalters

Die neuen Zentren der mittelalterlichen Kultur

Um das Jahr 1000 erfahren die wirtschaftlichen und gesellschaftlichen Strukturen des Abendlands tiefgreifende Wandlungen. Die Eroberung und Erschließung des natürlichen Raumes ist zu einem vorläufigen Abschluß gelangt: das Abendland ist nicht länger jenes nur durch wenige Zivilisationsinseln aufgelockerte »Meer aus Wäldern und Einöden«, als das es während des frühen Mittelalters erscheinen mochte (besonders in den nördlichen Regionen). Unter dem Einfluß eines massiven Bevölkerungszuwachses und dank umfangreicher Rodungen werden Frankreich und der größte Teil Europas jetzt zu einem gleichmäßig besiedelten Raum, organisiert und strukturiert in Einheiten, die sich voneinander abgrenzen und ihre jeweilige Besonderheit betonen, um sich jedoch gleichzeitig untereinander vielfältig zu vernetzen. Es war der zunehmende Zugriff auf diesen Raum und seine Menschen, welche die materiellen Wandlungen erst ermöglicht hat. Die Gesellschaft parzelliert sich (Robert Fossier sprach von »*encellulement*«); kirchliche und weltliche Herrschaften bemächtigen sich der verschiedenen territorialen Fragmente und tragen ungeachtet ihrer Rivalität dazu bei, eine Art neuer sozialer Ordnung zu etablieren. Es ist weniger die Feudalordnung im eigentlichen Sinne, d. h. die Organisation des weltlichen Adels in einer Pyramide aus Lehen und Dienstleistungen, die hier prägend wurde, als vielmehr das System der Grundherrschaft, also die Abhängigkeit einer Mehrzahl freier oder unfreier Menschen von einem kirchlichen oder weltlichen Herrn, der im Besitz des Landes ist und dieses bearbeiten läßt.

Die Geburt des Dorfes ist das entscheidende historische Ereignis dieser Periode. Seine Spuren haben sich am tiefsten in der geschichtlichen Landschaft eingegraben: wenn sich die Rechtsformen der Herrschaft auch wandelten und die Burgen und Herrensitze verfielen, so blieb doch das Dorf immer bestehen und prägt bis heute das Aussehen unserer Landschaft.

Gehen wir einmal von dem einfachsten Modell aus: ein Dorf entsteht aus dem mehr oder weniger dichten Zusammenschluß von Behausungen und Wirtschaftsflächen, die sich um eine Kirche und einen Friedhof gruppieren, inmitten eines Gebietes, welches wiederum an das Territorium ähnlicher dörflicher Siedlungen anstößt. Die Geburt des Dorfes hat die rechtlichen und wirtschaftlichen Formen, in denen sich die Nutzung des Landes vollzog, tiefgreifend verändert, und mit dieser Veränderung sind die anderen Aspekte der »dörflichen Kultur« unlösbar verbunden: die gegenseitige Solidarität und Verbundenheit der Bewohner, das Gefühl, einer einzigen Gemeinschaft anzugehören, das kollektive Gedächtnis, das an einem bestimmten Boden haftet und ein Band zwischen den Lebenden und ihren verstorbenen Verwandten darstellt.

Diese dörfliche Kultur hat einen institutionellen und ideologischen Rahmen: die Pfarrei (*parochia*). Dieser Begriff ist zweifellos sehr alt, bekommt jedoch im neuen Kontext eine veränderte neue Bedeutung bzw. eine stärkere Präsenz. Im allgemeinen war die Pfarrei mit dem Dorf, die Pfarrbevölkerung mit den Dorfbewohnern identisch. Damals begann also jenes Bild vom »ländlichen« Milieu Gestalt anzunehmen, das uns heute noch so vertraut ist: eine dörfliche Gesellschaft mit ihren charakteristischen Orten – Kirche, Friedhof, Wald, der die Weiden und Äcker umschließt, Grenzsteine, Kruzifixe an den Wegkreuzungen –, aber auch mit typischen Gestalten – der Priester (*sacerdos*) und seine mehr oder weniger fügsamen Pfarrkinder (*parrochiani*), die alten Dorfweiber (*vetulae*), die sich immer vor der Kirche oder am Friedhof herumtreiben und die man verdächtigt, wenn irgendein ungewöhnlicher Zauber aufgedeckt wird. Die Kleriker werden in ihren Predigten gegen den Aberglauben nun immer wieder diesen dörflichen Mikrokosmos beschreiben, und die Richter und Hexenjäger werden nicht zögern, ihn an allen Ecken und Enden auszuleuchten …

Ein Dorf (oder eine Gruppe von Dörfern) wird im allgemeinen von einem Herrensitz, etwa einer Burg, aus regiert. In der sozialen Logik des *encellulement*, der feudalen Parzellierung ergibt sich das eine notwendig aus dem anderen. Bevölkerungswachstum, Steigerung der Arbeitsproduktivität und Ausweitung der bewirtschafteten Flächen erlaubten es den Grafen, die Herren über Land und Leute waren, ihre Gewinne unter einer größeren Zahl ihnen treu verpflichteter Krieger aufzuteilen: sie werden Burgherren und umgeben sich mit Rittern (*milites, chevaliers*), die nun ihrerseits danach trachten, ein Geschlecht zu gründen und von einer stolzen Zwingburg aus abhängige Bauern und Ländereien zu regieren. Das ganze Feudalzeitalter hindurch stand diese adlige Schicht für ein System von Werten, Idealen und Mythen, welche die mittelalterliche Kultur tiefgreifend geprägt haben (ohne daß ihnen auch im selben Maße ein realer politischer Einfluß zugekommen wäre). Die höfische Kultur hat sich zu einem maßgeblichen Teil im Umkreis von Grafen, Fürsten und mächtigen Königen entwickelt; der klassische Held des höfischen Romans ist freilich ein einfacher Ritter, der davon träumt, durch stolze Taten die Liebe seiner Dame – seines Herren Gattin – zu gewinnen.

Doch jene Angehörigen des niederen Adels, denen es gelungen war, von einem mächtigeren Herrn eine Gattin und eine Burg zu erhalten und Nachkommen zu zeugen, hatten den schwierigsten Teil ihres sozialen Aufstiegs noch vor sich: sie mußten ihre Umwelt – die ihnen Ebenbürtigen, den ranghöheren Adel, die Kirche – von der Legitimität ihres Geschlechts, ihres Namens und ihrer Herrschaft überzeugen. In der volkstümlichen Kultur nun, ihren mythischen Erzählungen, lokalen Legenden und jener phantastischen Welt der Feen fanden die *milites* die Quellen, sich zu legitimieren. Um ihre Ansprüche mit dem Siegel der Ewigkeit zu versehen, bedienten sie sich der Hilfe von Klerikern, welche die bisher nur mündlich umlaufenden Traditionen schriftlich fixierten. Die weltliche Aristokratie interpretierte diese Berichte offenkundig in einem anderen Sinne als die Kirche: sah diese im allgemeinen nur »Aberglauben«, Fortleben des Heidentums und Teufelstrug am Werk, war die aristokratische Oberschicht empfänglich für die positiven Werte der volkstümlichen Traditionen, die mit ihren eigenen Bedürfnissen und Interessen harmonierten. Die Feen, deren Abstammung sich zahlreiche Geschlechter rühmen werden – im Falle der Lusignan aus dem Poitou beispielsweise Melusine – waren nach kirchlicher Sichtweise nur *succubi*, Dämonen des Beischlafs; für die *milites* wie auch für die Bauern waren aber zumindest einige von ihnen gute Mütter, wohltätige Patinnen, temperamentvolle Geliebte, ihrer Natur nach freilich unberechenbar und leicht zur Eifersucht geneigt ...

Die Wiedergeburt der Städte ist (neben der Geburt des Dorfes und

der Entstehung von adligen Herrensitzen) der dritte grundlegende
Vorgang der Periode. Eng verknüpft mit dem Bevölkerungswachstum
und der Erneuerung des Geld-Waren-Tausches, ermöglichte der Aufstieg der Städte die Entstehung neuer sozialer Schichten, die im Han-
del und im Handwerk ihr Auskommen fanden. Der veränderte Le-
bensstil, die spezifischen materiellen Interessen, die neuen politischen
Organisationsformen gaben der städtischen Gesellschaft sehr rasch
ein von der traditionellen dörflichen Kultur ganz verschiedenes Gesicht; sie schufen veränderte Werte, so beispielsweise neue Einstellungen in bezug auf die Wahrnehmung der Zeit. Die Stadt ist die Wiege
des modernen Geistes. Doch die städtische Kultur war keine Schöpfung aus dem Nichts. Ihre ersten Bewohner stammten vom Land. Die
Stadt empfing ländliche Denkweisen und Glaubensvorstellungen, die
sie dann umgestaltete: aus den alten Legenden formte man neue Grün-
dungssagen, und überlieferte Rituale bekamen eine neue Funktion in
den städtischen Vierteln, Pfarreien und Bruderschaften, in einer ge-
samtstädtischen Öffentlichkeit. Dies war etwa das Schicksal der an
den Januarkalenden veranstalteten Maskeraden, die wohl bereits in
der bäuerlichen Kultur – freilich in weniger geregelten Formen – existierten. Verpflanzt in die Stadt, in ein Milieu, wo andere soziale Hier-
archien und Interessen herrschten und ein forcierterer Lebensrhyth-
mus eine »Zeit der Arbeit« und eine »Zeit des Festes« einander entge-
gensetzte, mußten sie zwangsläufig eine veränderte Gestalt annehmen.
So sollte man also die ländlichen Wurzeln der städtischen Folklore
ebenso im Auge behalten wie ihre Innovationen; ein klareres Profil gewinnt die Stadtkultur ohnehin erst im späteren Mittelalter, um dann
freilich die kirchlichen oder weltlichen Machthaber dazu zu zwingen,
ihre Kritik an den Superstitionen mit neuen Argumenten zu begründen.

Die Kirche:
Wandlungen im Verhältnis zum »Aberglauben«

Diese wirtschaftlichen, sozialen und ideologischen Wandlungsvor-
gänge erschütterten nachhaltig die traditionellen Machtpositionen der
Kirche. Zwar blieb ihr materieller Reichtum beträchtlich, und auch
der politische Einfluß der Bischöfe beim König wurde nicht unmittelbar in Frage gestellt. Doch die Kleriker, deren Aufgabe schon von jeher der imaginäre Entwurf einer idealen Sozialordnung gewesen war,

mußten zum ersten Mal feststellen, welcher Abgrund ihre idealistischen Träumereien von den gesellschaftlichen Realitäten trennte. Es brauchte nicht viel, um einzusehen, daß das schöne Modell der drei Ordnungen (an der Spitze diejenigen, die beten, dann die, welche kämpfen, schließlich die große Masse, die arbeitet, um die beiden ersten Stände zu ernähren), um die Jahrtausendwende ersonnen von einer Handvoll Bischöfe, um die ersten Erschütterungen des Sozialkörpers zu kompensieren, der Komplexität der gesellschaftlichen Verhältnisse nicht Rechnung trug. Keiner der postulierten Stände formte wirklich ein homogenes Ganzes, und die Gruppe der freien Stadtbewohner, der »Bürger«, nahm immer mehr die Gestalt eines »vierten Standes« an, der nicht auf die drei anderen zurückgeführt werden konnte.

Die Kirche, geschwächt durch die umfassenden Wandlungen der Zeit, vermochte ihre gesellschaftliche Position nur aufrecht zu erhalten, indem sie in den neuen gesellschaftlichen Gebilden, insbesondere in den Städten, Fuß faßte. Das erste Mal in ihrer Geschichte bekundete sie ein echtes Interesse an der Laienschaft; es war nicht länger möglich, in den Laien bloß eine amorphe, ungebildete und analphabetische Masse zu sehen. Die Kirche mußte ihre Sprache, ihre Rhetorik den jeweiligen Gruppen und Ständen anpassen: Frauen, Männer, junge Burschen, junge Mädchen, Handwerker, Bauern, Ritter, usw. Darüberhinaus fing man an, sich auch für das einzelne Individuum zu interessieren, für seine Persönlichkeit, seine individuelle Geschichte: der Erfolg einer jeden »Seelsorge« stand und fiel mit solchen Bemühungen. Was nun den »Aberglauben« betraf, sollte die neue pastorale Praxis die Kleriker bald mit unerwarteten Entdeckungen konfrontieren. Bei ihren seelsorgerlichen Visiten, auf Predigtreisen und in Inquisitionsprozessen gelang es ihnen, eine außergewöhnlich reiche Ausbeute an Informationen über Legenden, Glaubensvorstellungen und Rituale anzusammeln. Ihre Einstellung gegenüber diesem Material war keineswegs einheitlich; vielmehr sind hier bemerkenswerte zeitliche Wandlungen, aber auch Unterschiede zwischen verschiedenen Gruppen innerhalb des Klerus zu konstatieren.

Noch im 12. Jahrhundert erlag die Mehrzahl der kirchlichen Autoren den verführerischen Reizen des »Wunderbaren«; im Einzelfall verhielten sie sich weniger wie Richter denn wie Ethnologen. Der Historiker verdankt ihnen genaue Zeugnisse aus erster Hand, die sich stark abheben von jenen Verdammungsurteilen, die bislang die kirch-

liche Literatur kennzeichneten. Erstaunt muß man konstatieren, daß
die Kultur der Kirche, besonders im zwölften Jahrhundert, und zwar in
einem ganz bestimmten klerikalen Milieu, außerordentlich empfänglich für folkloristische Themen war: man begegnet dieser Einstellung
jeweils im Umkreis ländlicher Klöster, die noch in einem alltäglichen Kontakt mit dem Lokaladel der *milites* (»Krieger, Ritter«)
standen. Gegen diese *milites* verteidigten die Mönche ihre Ländereien, doch durften sie auch auf Landschenkungen und auf den Zu-
strom neuer Novizen aus den Reihen dieses niederen Adels erhoffen.
In seinem »Buch über die Wunder« (*Liber de miraculis*), geschrieben
zwischen 1134 und 1155, berichtet Petrus Venerabilis, der Abt von
Cluny, zahlreiche Episoden, welche die Geschlechter der Nachbarschaft betreffen, vor allem Erzählungen über »Wiedergänger«; der
cluniazenische Abt kommt nicht auf die Idee, hier »Aberglauben« zu
wittern, denn die verstorbenen Herren erschienen ihren Erben jeweils, um sie zu frommen Stiftungen für sein burgundisches Kloster
aufzufordern ...
Auch die Zisterzienser erwiesen sich gelegentlich als aufmerksame
Beobachter des Volksglaubens. Die weißen Mönche der Abtei von
Froidmont, in der Nähe von Beauvais, nahmen einen jungen Trouba-
dour namens Helinand auf, der in weltlichen Kreisen schon eine Art
Berühmtheit geworden war, den die Angst vor dem Tode aber zu einer plötzlichen Konversion veranlaßt hatte. Sein profanes Können in
den Dienst des neuen klösterlichen Ideals der Weltentsagung stellend,
verfaßt Helinand zwischen 1194 und 1197 auf Französisch seine *Vers
de la mort*, ein Vorläufer jenes makabren Genres, das sich im Spätmit-
telalter großer Beliebtheit erfreuen sollte. Wir verdanken ihm auch
eine Art geistlicher Autobiographie (*De cognitione sui*), die einen wichtigen Beleg für die Erscheinung des Totenheers (*familia Hellequini*)
enthält (s.u.). Ein anderer Zisterzienser, Gottfried von Auxerre, der

15. Melusine ist die bekannteste unter den Feen des Feudalzeitalters. Weil ihr Gatte
das Verbot brach, das sie ihm auferlegt hatte – er hatte ihr versprochen, sie niemals
beim Baden zu betrachten –, nahm sie wieder die Gestalt einer »Schlangenfrau« an und
verließ das Schloß von Lusignan. Doch angelockt durch die Schreie ihrer Kinder,
kehrte sie jeweils zu nächtlicher Stunde zurück, um diese zu stillen. Die Kirche machte
aus ihr eine Dämonin, die ritterliche Kultur aber verehrte sie als Schutzgeist, als müt-
terliche Fee.
(Paris, Bibliothèque nationale)

Biograph Bernards von Clairvaux, hat in seinem Kommentar zur Johannesapokalypse die Legende von der Fee Melusine, der Schlangenfrau von Langres, aufgenommen. Schließlich muß hier noch das erzählerische und didaktische Werk des Caesarius von Heisterbach, eines rheinischen Zisterziensers, erwähnt werden (*Dialogus miraculorum*, um 1220), dessen Berichte – abgesehen von einigen Ausflügen in frankophone Gegenden – vor allem die mittelrheinische Region betreffen.

An den Fürstenhöfen konzentrierten sich zahlreiche Kleriker, die entweder als Berater oder Kanzleischreiber tätig waren und im allgemeinen nur die niederen Weihen (und nicht die Priesterweihe) erhalten hatten; intellektuell und kulturell befanden diese Kleriker sich in einer Zwischenposition, zwischen einer kirchlichen Kultur, die sie sich angeeignet hatten, und einer weltlichen Kultur, der sie verbunden blieben und die sie faszinierte. Der anglonormannische Hof der Plantagenêt war in dieser Hinsicht ein umso glanzvollerer Treffpunkt, als die Umgebung des Königs »international« zusammengesetzt war. Wir finden hier Giraldus Cambrensis (de Barri) aus Wales, der unter anderem eine geographische und ethnographische Beschreibung Irlands verfaßt hat, die *Topographia Hiberniae*. Einer seiner Landsleute war Walter Map, der in seinen »Possen der Höflinge« (*De nugis curialium*) neben zahlreichen walisischen Legenden auch einige Berichte aufnahm, welche die kontinentaleuropäischen Gebiete seines Herrn Heinrich II., des englischen Königs und Herzogs der Normandie (1154-1189), betrafen. Der Londoner Archidiakon Petrus von Blois kam hingegen aus Frankreich. Der Engländer Gervasius von Tilbury war damals ein enger Vertrauter des Prinzen Heinrich des Jüngeren; nach dessen Tod ging er an den Hof des Königs Wilhelm II. von Sizilien, später an den des Kaisers Otto IV. von Braunschweig. Letzterem widmete er seine *Otia imperialia* (»Kurzweiliges aus dem Kaiserreich«), deren drittes Buch aus einer Sammlung von Wundererzählungen (*mirabilia*) besteht, die der Autor selbst im Laufe seiner zahlreichen Reisen, besonders in Sizilien, aber auch im Königreich von Arles (d. h. in der Provence und Dauphiné) gesammelt hatte. Denken wir nur an jene Geschichte des Burgfräuleins von Espervel in der Diözese von Valence. Sie hatte die Angewohnheit, die Kirche vor Abschluß des Gottesdienstes zu verlassen; eines Tages hielt es ihr erboster Gatte nicht mehr aus und er versuchte, sie mit Gewalt daran zu hindern: »Im gleichen Augenblick, als der Priester die Worte der Weiheformel gesprochen hatte, flog das Fräulein, von einem teuflischen Geist in die Lüfte erhoben, davon, und sie nahm einen Teil der Kapelle mit in ihren Untergang. Doch derjenige Teil des Turms, an den die Kapelle anschloß, existiert noch heute und zeugt von dieser Geschichte.«

Gervasius von Tilbury ist angetan von dieser provenzalischen Melusine, deren diabolischer Charakter für ihn freilich außer Frage steht. Man stellt an der Wende vom 12. zum 13. Jahrhundert diesbezüglich bei unseren Autoren eine deutliche Veränderung der Tonlage fest. In den Domschulen der Städte, in Laon, Chartres oder Paris, kommt es allmählich zu einer theologischen Reflexion über den »Aberglauben«. Dies ist der Fall in Chartres bei Wilhelm von Conches († um 1154), dann bei Bischof Johannes von Salisbury († 1180), in Paris bei Petrus Lombardus, der hier 1160 als Bischof stirbt, und Petrus Cantor, der bis zu seinem Tode 1197 die Schule von Notre-Dame leitete, schließlich auch bei Alanus ab Insulis (de Lille), dem Theoretiker der Predigt und der Beichte, der sich in seinen Werken ausführlich auch mit dem »Aberglauben« beschäftigt. Am Anfang des folgenden Jahrhunderts entsteht in Paris eine Universität: Wilhelm von Auvergne, Bischof von Paris (1228-1249), erfährt hier seine theologische Ausbildung, um dann selbst auf die Lehrkanzel zu steigen, ebenso wie zahlreiche Prediger der Bettelorden, unter ihnen Thomas von Aquin, der entscheidend zu der neuen Aberglaubenstheorie beiträgt, die sich dann seit dem 13. Jahrhundert entwickelt.

Zum gleichen Zeitpunkt gibt die jährliche Verpflichtung zur Ohrenbeichte, verkündet im Kanon 21 *Omnis utriusque sexus* des vierten Laterankonzils von 1215, allen Priestern ein wirksames Mittel zur persönlichen, ja intimen Kontrolle der Gläubigen an die Hand. Die Weltpriester wurden jedoch in dieser Aufgabe auch von jenen päpstlichen Milizen unterstützt (oder gar ersetzt), die sich in Gestalt der franziskanischen und dominikanischen Bettelorden formierten. Die Minderbrüder sind »Experten« der Predigt wie der Buße und sie sind es bekanntlich auch, die zwischen 1222 und 1233 im Auftrag des Papstes das neuartige Instrument der Inquisition in Gang setzen werden.

Mit dem delikaten Gleichgewicht zwischen »ethnologischer« Neugier und repressiven Hintergedanken ist es nun vorbei. Dies wird deutlich, wenn man den Spuren des Dominikaners Stephan von Bourbon († 1261) folgt, der als Prediger und Inquisitor im Gebiet von Lyon, Burgund und Jura unterwegs war und eine für Predigtzwecke bestimmte Exempelsammlung verfaßte, in der sich haufenweise Zeug-

nisse über abergläubische Praktiken und Vorstellungen, die sich zum
Zeitpunkt ihrer Dokumentation noch als sehr virulent erwiesen. Ähnliches gilt für den Bischof von Paris, Wilhelm von Auvergne, der in
seinen Handbüchern zur praktischen Theologie (*De universo* und *De
legibus*) auch über die »abergläubischen« Gebräuche seiner Heimatre-
gion berichtete. Der bäuerliche »Aberglauben« ist für diese in Städten
ausgebildeten und wohnhaften Kirchenmänner, die in den strengen
Kategorien des kanonischen Rechts und der Scholastik räsonieren,
unverständlich geworden.

Die Entwicklungen der Aberglaubenstheorie
im scholastischen Zeitalter

Folgt man den theoretischen, kanonistischen und theologischen Texten des 12. und 13. Jahrhunderts, so scheinen sich die intellektuellen
Grundlagen, mit denen die Kleriker der Epoche den Begriff des
»Aberglaubens« zu formulieren suchten, fast nicht verändert haben:
die einschlägigen Texte Augustins, Martins von Braga und Isidors
von Sevilla, die bekannten Bestimmungen der hochmittelalterlichen
Konzilien blieben als Autoritäten weiterhin in Geltung; sie beeinfluß-
ten das Kirchenrecht ebenso wie die Wahrheiten der theologischen
Vernunft. Gewandelt hat sich allerdings der formale Rahmen, in den
sich diese Texte eingebettet fanden: dieser war nun gekennzeichnet
durch eine systematische Gegenüberstellung von Texten und Argumenten, die kritische Bewertung ihrer jeweiligen Aussagekraft sowie
die Berücksichtigung aller pragmatischen und theologischen Implika-
tionen.

Auf die ersten Bemühungen der Kanonisten (besonders eines Ivo
von Chartres) um eine Vereinheitlichung des Kirchenrechts in der ersten Hälfte des 12. Jahrhunderts folgte 1140 in Bologna das *Decretum
Gratiani*, welches bis zum Beginn des 20. Jahrhunderts die Grundlage
des gesamten kirchlichen Rechts bleiben sollte. Die *Causa* 26 (im
zweiten Teil des Dekrets) bietet eine sieben *quaestiones* (»Fragen«)
umfassende Synthese aller wesentlichen, den »Aberglauben« betreffenden Probleme. Um was geht es bei Sortilegien und Wahrsagerei?
Sind diese Sortilegien Sünde? Welches sind die verschiedenen Arten
der Divination? Wie steht es mit dem Wesen und der Macht der Dämonen? Muß man diejenigen, die Sortilegien und Wahrsagerei ausüben, exkommunizieren? Im Falle einer solchen Exkommunikation

durch den Bischof – können die Exkommunizierten ohne dessen Wissen durch einen Priester wieder mit der Kirche versöhnt werden? Kann einem Sterbenden eine zeitlich befristete Buße auferlegt werden?

Alle diese Fragen (auch die drei letztgenannten) stützen sich auf konziliare Entscheidungen des frühen Mittelalters, doch in der Art ihrer Formulierung spiegeln sich die aktuellen kirchlichen Problemfelder wieder: das Problem von Disziplin und Autorität innerhalb einer hierarchischen Amtskirche, die sich gewissermaßen als Maschinerie zur Kolonisierung des Sozialkörpers versteht, die Kriterien und Dauer der Exkommunikation, die persönliche Verantwortung des Beichtvaters für die Sterbenden und deren Heilsaussichten, wobei besondere Aufmerksamkeit den Jenseitsbußen und -strafen gilt, jener dramatischen Verlängerung des Erdendaseins, die sich noch im 12. Jahrhundert zur Gestalt des »Fegefeuers« ausformen sollte.

Die theologische und kanonistische Reflexion über die Superstitionen beschränkte sich nicht auf theoretische Überlegungen, sondern erfuhr angesichts der gleichzeitigen Veränderungen des Bußsakramentes bald eine praktische Umsetzung. Unmittelbar vor und vor allem nach den Entscheidungen des vierten Laterankonzils (1215), als die alten, tarifartigen Bußformen eine gründliche Reform erfuhren, vervielfältigten sich plötzlich jene Handbücher, in denen sich die Beichtväter informieren können über die diversen Techniken, einen Beichtling zu befragen, sein Gewissen auszuhorchen und ihm ein Geständnis zu entlocken, vor allem was »abergläubische« Praktiken und Vorstellungen angeht. Entsprechende Beispiele sind etwa das *Liber poenitentialis* des Alanus ab Insulis oder die fünfte Distinktion im Traktat *De penitentiis* von Thomas von Chobham, die »Sortilegien und Gifte« behandelt.

Mit Thomas von Aquin erreichte Mitte des 13. Jahrhunderts an der Universität von Paris die Reflexion über den »Aberglauben«, sowohl in ihren theoretischen Aspekten als auch hinsichtlich der praktischen Aspekte des Kirchenrechts und der Buße, eine neue Qualität. Zwar ist die thomistische Konzeption des »Aberglaubens« in ihrer Terminologie und ihren allgemeinen Definitionen noch weithin abhängig von Augustin. Doch in der *Summa theologiae* (II-II,8c) geht Thomas von einer schärfer bestimmten Aberglaubensvorstellung aus, um dann auch ein härteres Verdammungsurteil gegen die Anhänger der Superstitionen auszusprechen.

Für den hl. Augustin waren abergläubische Vorstellungen und Praktiken insofern allgegenwärtig, als er sie auf die Omnipräsenz der Dämonen und das Weiterleben der heidnischen Religion zurückführte. Seiner Ansicht nach unterschied sich das »Laster« des Aberglaubens von der »Tugend« der wahren Religion sowohl durch einen Mangel (wenn die Form des Gott erwiesenen Kultes seiner Gottheit unwürdig war) als auch durch einen Exzeß (im Fall des Götzendienstes). Der Aquinat zog nur noch das exzessive Moment in Betracht, um die diversen Formen (*species*) des Aberglaubens – Divination, Vorzeichendeutung, Idolatrie, Beobachtung der Zeiten und Zeichen – zu erklären. Gleichzeitig übernahm er die augustinische Idee einer Kommunikation mit den Dämonen, gab jedoch dem Begriff des »Paktes« eine genauer umschriebene Bedeutung: er unterscheidet einen stillschweigenden Pakt (*pactum implicitum*) mit den Dämonen, gestiftet bei leichteren Sünden infolge mangelnder Vorsicht des Sünders gegenüber den teuflischen Machenschaften, von einem ausdrücklichen Pakt (*pactum explicitum*) desjenigen, der in bewußter Absicht den Teufel anruft. Diese Unterscheidung war das Ergebnis der neuesten Entwicklungen in der Moraltheologie, die schon seit geraumer Zeit ihre Aufmerksamkeit immer mehr auf die persönliche Verantwortung und Intention des Sünders richtete. Im 13. Jahrhundert wird dem Akt der Sünde jede Fatalität genommen: in die Netze des Teufels gerät nur, wer dieses bewußt gewollt hat.

Diese Akzentverschiebungen in der Moraltheologie hatten praktische Konsequenzen: Zauberer, Hexen und Magier, die mit dem Teufel einen expliziten Pakt abgeschlossen hatten, waren nicht bloß schuldig geworden aus Unwissenheit, Einfalt oder »bäuerlicher Dummheit« (*rusticitas*), sondern aufgrund einer aktiven Komplizenschaft mit dem Satan. Obwohl der Thomismus im Prinzip noch die Grundannahmen der illusionistischen Aberglaubenstheorie teilt, die in den teuflischen Intrigen nur Trugbilder, nicht reale Handlungen sieht, so macht er doch einen entscheidenden Schritt in Richtung auf eine repressivere Behandlung der Superstitionen, zumindest in den schwerwiegenderen Fällen. Das kirchliche Konstrukt der »Hexerei«, wie es in der großen Hexenverfolgung am Ausgang des Mittelalters zur Umsetzung kommen wird, hat nicht zuletzt hier seine geistigen Ursprünge.

Die theoretische Reflexion bleibt an der Universität von Paris auch nach dem 13. Jahrhundert in den von Thomas vorgezeichneten Bahnen. Bevorzugter Gegenstand ihrer Diskussion waren jedoch weniger das ländliche »Hexenwesen«, um das sich Inquisitoren und Richter schon sehr bald genauer kümmern werden, sondern die Bereiche der schwarzen Magie, der Alchimie und der Astrologie. Es waren die berühmtesten Gelehrten der Epoche, die damals verdächtigt wurden, mithilfe dämonischer Mächte in den Besitz der Geheimnisse der Natur gelangen zu wollen. Dies ist der Kontext solcher Verurteilungen, wie sie beispielsweise am 19. September 1398 die theologische Fakultät von Paris gegen den Magister Jacobus Angelus aus Montpellier aussprach; der Kanzler der Pariser Universität, Jean Gerson, folgte mit entsprechenden Traktaten: *De erroribus contra artem magicam* (1402), *De superstitiosa dierum observantia* (1421), *De observantium dierum quantum ad opera* (1425), schließlich 1428 – gegen Nicolas Colne, den Dekan der medizinischen Fakultät von Montpellier, gerichtet, der ein Amulett in der Form eines Löwen benutzte – *Contra superstitionem sculptura leonis* ...

Die Verhärtung der kirchenrechtlichen und theologischen Positionen in den Kreisen der Hierarchie und bei den Universitätsgelehrten hatte ihre gleichzeitige Entsprechung in einer Verschärfung der Auseinandersetzung mit dem Aberglauben »vor Ort«. Der Blick der Kleriker, die plötzlich mit bislang unbekannten Praktiken und Vorstellungen konfrontiert waren, wandelte sich. Auch wenn der »Aberglauben« als ein starres und unbewegliches Massiv erscheinen mochte, so hatte er doch seine Gestalt verändert: nicht unbeeinflußt von den sozialen Umwälzungen, der Neustrukturierung der christlichen Gesellschaft, der Tiefenchristianisierung in Stadt und Land, hefteten sich die Superstitionen nun stärker als bisher auch an die etablierten Formen des christlichen Kults.

»Altweiberglaube«

Seit dem 13. Jahrhundert liefern uns Prediger wie Jakob von Vitry und Stephan von Bourbon, Bischöfe wie Wilhelm von Auvergne oder Inquisitoren wie Jacques Fournier, Bischof von Pamiers (dessen ergiebige Untersuchungstätigkeit in Montaillou und in der Ariège Emmanuel Le Roy Ladurie ins Licht gerückt hat), in zunehmender Anzahl – und mit größerer Verläßlichkeit als bisher – konkrete Zeugnisse über die Superstitionen. An der Universität, in akademischen Dispu-

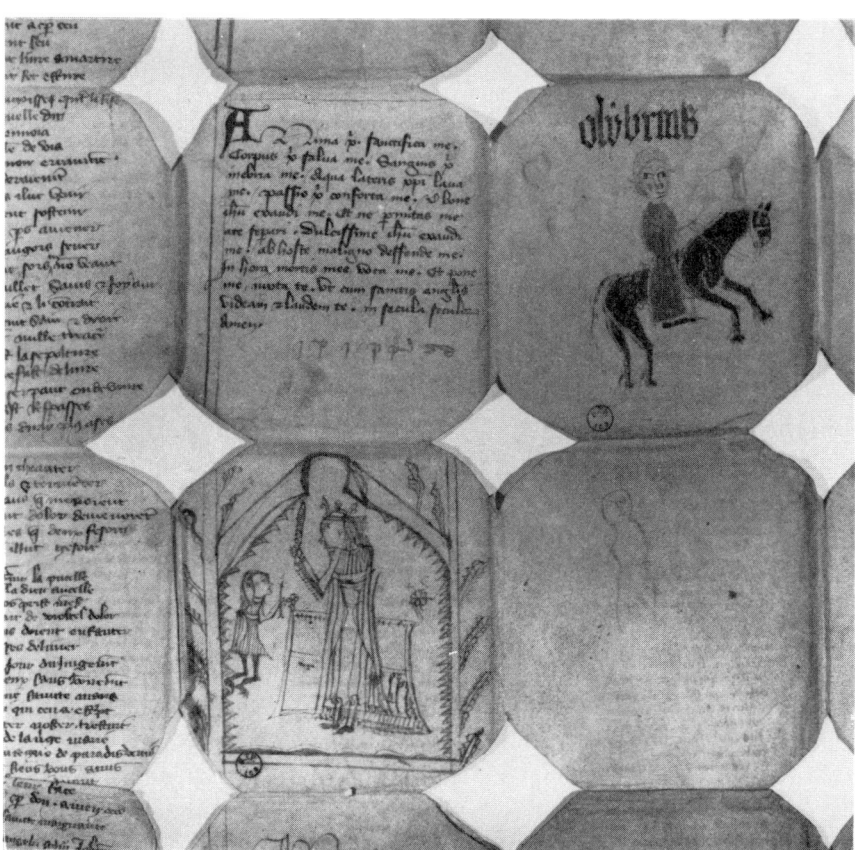

16. Faltbare Geburtsdecke mit Gebetsformeln: »Und wenn eine Frau im Moment der Geburt diese Schrift bei sich trägt, dann kann sie leicht gebären, und weder das Kind noch die Mutter werden dabei umkommen.« (C. Barré).
(Handschrift aus Pergament, Französisch u. Latein, zusammengefaltet 5x5 cm, Paris, Musée des Arts et Traditions populaires).

ten haben diese Sprößlinge einer gelehrten Schriftkultur den Wert eines unerschütterlichen Zeugnisses, eines gelungenen Beweises zu schätzen gelernt; daher vernachlässigen sie keineswegs, was sie mit eigenen Augen gesehen oder von »glaubwürdigen« Zeugen vernommen haben. Der konzeptionelle Rahmen, innerhalb dessen sie auf die Superstitionen zu sprechen kommen, verändert sich nur wenig, doch er allein genügt diesen Autoren nicht mehr. Ihre Beobachtungen stellen daher eine beträchtliche Bereicherung des historischen Wissens dar.

Die Sprache der Vögel

Bemerkenswert sind in diesem Zusammenhang zunächst vor allem die zahlreichen Glaubensvorstellungen und Praktiken der Divination, die zweifellos immer noch den größten Teil der Verurteilungen ausmachen. Doch im Vergleich zum Frühmittelalter konstatiert man auffallende Differenzen: das Verzeichnis der Vogel- und Eingeweideschauer (*augures, haruspices*) ist nur noch ein traditionelles Zitat ohne Realitätsbezug; die Prediger nehmen nun Anstoß an speziellen Orakeln und Vorhersagen des Volksglaubens, wobei sie es zuweilen nicht an Spott für die groteske Leichtgläubigkeit einfältiger Geister fehlen lassen.

Verschiedene Prediger – der Weltkleriker Jakob von Vitry etwa oder die Dominikaner Jordan von Sachsen und Stephan von Bourbon – greifen gerne auf jenes Exemplum zurück, in der ein »altes Hexlein« (*vetula sortilega*) den Kuckuck fünfmal singen hört: sie zieht daraus die falsche Schlußfolgerung, daß ihr nur noch fünf Jahre Lebenszeit verbleiben. Doch dann wird sie schwer krank, und ihre Tochter bedrängt sie, Buße zu leisten; sie antwortet, daß sie noch genügend Zeit habe, um zu beichten, da sie ja noch fünf Jahre zu leben habe. Schon zu schwach, um einen vollständigen Satz zu formen, kann sie gerade noch fünfmal das Wort »Kuckuck« hervorstoßen; dann verstummt sie völlig, hebt aber noch die fünf Finger ihrer Hand ... Und auf diese Weise segnet sie das Zeitliche.

Unsere Prediger, als geborene Städter, hatten wenig Verständnis für jene »Sprache der Vögel«, auf deren Bedeutung und Symbolreichtum die Ethnologen ländlicher Gesellschaften stets hingewiesen haben. Dem Kuckuck ein Vorauswissen um die Stunde unseres Todes zuzuschreiben, dies war für einen Stephan von Bourbon ein Frevel wider die Schöpfung selbst und grenzte an Idolatrie. Die Denunziation solchen »törichten Glaubens« bestand aber vor allem im Hinweis auf die Gefahr eines Todes ohne Beichte, d. h. die Möglichkeit der Verdammnis.

Derselbe Prediger eifert noch schärfer gegen jene Wahrsager, welche auf dem Lande allerorten ihr Handwerk ausübten; es sind für ihn bloße Scharlatane, »die vom zukünftigen Geschehen keine Ahnung« haben, etwa jene »arme Alte« (*pauper vetula*), die sich in Zusammenarbeit mit ihrem Sohn »als Wahrsagerin in Szene setzte«. Der Sohn stahl nämlich die Rinder eines Nachbarn und verbarg sie in einem

dichten Wald, um dann geradewegs den Bauern aufzusuchen und ihm
zu sagen, er kenne da eine sehr erfahrene Wahrsagerin (*optima di-
vina*), die wüßte ihm sicher anzugeben, wo sich seine Tiere befänden.
Der Trick gelang und verschaffte seiner alten Mutter in der gesamten
Nachbarschaft die entsprechende Reputation ...

Der Betrug ist nicht weniger offensichtlich im Falle jener Frau, die
einem Dorfpfarrer großes Kopfzerbrechen bereitete: sie sagte Kranken das Schicksal voraus, indem sie den Umfang ihrer Gürtel unter-
suchte; um ihr das Handwerk zu legen, gab der ziemlich wohlbeleibte
Pfaffe ihr seinen eigenen Gürtel zu tragen; die Frau glaubte, sie habe es
mit einer Schwangeren zu tun, der sie eine rasche Geburt vorhersagte
... Für Stephan von Bourbon sind die Wahrsager elende Betrüger, für
die man nur Spott übrig haben müßte, stünde hier nicht das christliche
Seelenheil und die Lehrautorität der Priester auf dem Spiel. Doch der
wahre Betrüger ist im Besitze wirklichen Wissens und er ist gefährlich: es ist der Herr der Illusionen, der Teufel.

Ein halbes Jahrhundert später begegnet Jacques Fournier den
Wahrsagern des Ariège mit einer sehr verschiedenen Einstellung. Da
ihm weniger an der Verfolgung von Wahrsagern als am Aufspüren von
Ketzern liegt, beschränkt er sich in seinem Bericht auf die Mitteilung
dessen, was man im Volke über sie sagt, und verzichtet auf Kritik oder
spöttische Bemerkungen. Doch als erfahrener Untersuchungsrichter
notiert er jede Kleinigkeit und sein Bericht stellt ein unschätzbares
Zeugnis für die tatsächlichen Praktiken dar. Hier ein Beispiel, in dem
ein gewisser Arnaud Sicre dem Inquisitor über seinen Besuch bei einem Wahrsager berichtet:

»Am nächsten Morgen führte mich ein Kind bis zum Haus des Wahrsagers; ich grüßte
ihn wie üblich und sagte ihm, daß er wohl wissen müsse, weshalb ich gekommen sei.
Er antwortete mir: »Bin ich Gott?« Ich entgegnete ihm, ich hätte vernommen, daß er,
wenn er Besuch bekäme, wissen müsse, in welcher Absicht man zu ihm gekommen sei.
Wir vereinbarten für eine Konsultation von zwei Stunden einen Preis von zwei Sous,
und er nahm ein Buch in arabischer Schrift, welches er auf den kahlen Fußboden legte.
Er stellte sich neben das Buch, ließ mich gegenüber Platz nehmen und reichte mir ein
viereckiges Holzstäbchen von der Länge eines Mittelfingers, in dessen Ende eine
kleine Schnur eingelassen war. Quer über das Stäbchen war eine Figur gezogen (die
entsprechende Zeichnung fehlt in der Handschrift). Dann sagte er mir, ich solle, während er das Buch lese, das Stäbchen an der Schnur über das Buch halten, was ich tat.
Aber, so angestrengt ich das Stäbchen auch festhielt, damit es sich nicht bewege, so-
lange der Seher las, es wurde doch heftig hin und her bewegt. Er las einen Moment in
dem Buch, auf das er ein Stück von der Kleidung der Person gelegt hatte, deren Schicksal er befragte, dann befahl er mir, das Stäbchen auf das Buch fallen zu lassen. Und ob-

wohl ich dieses so sanft wie möglich fallen ließ, blieb es dort keineswegs, sondern sprang, als es auf die Seite fiel, bald eine Handbreit hoch, bald zwei, bald drei, was ich ganz wunderlich fand.«

Schließlich beginnt der Wahrsager zu sprechen. Zuerst sagt er, daß sein Gesprächspartner verheiratet sei; als Arnaud protestiert, dies sei nicht wahr, zieht sich der Seher routiniert aus der Affaire: genau in diesem Moment bemühten sich gewisse Leute darum, eine Braut für ihn zu finden ... Der Wahrsager gibt ihm auch Nachrichten von seiner Tante und seiner Schwester und versichert, daß das Vieh von Guillemette Maury verhext sei und daß aus diesem Grund die Tiere sterben. Schließlich bewertet Arnaud Sicre selbst den Wert der Informationen, die der Wahrsager ihm mitgeteilt hat:

»Nach dem Erhalt dieser Antworten zahlte ich ihm zwanzig Jacquins und sagte ihm, auf die Hälfte der gestellten Fragen habe er mir nicht die Wahrheit gesagt, und so ging ich davon.«

Ein »Schuhorakel«

Die Konsultation von Wahrsagern ging nicht unbedingt einher mit blinder Leichtgläubigkeit: Guillemette, deren Schicksal Arnaud Sicre von dem Wahrsager erfragt hatte, wird wenig später sagen, daß sie nicht mehr an Seher glaube, seit einer von ihnen das genaue Gegenteil dessen vorhergesagt habe, was dann eingetroffen war! Doch als beispielsweise der Ketzer Pierre Maury zu einer Reise aufbricht, ist er durchaus beunruhigt über eine Prophetie des Zauberers Galia, seines Nachbarn; dieser hatte seinen Schuh genommen,

»und war mit diesem Schuh von der Feuerstelle bis zur Haustür des Ketzers gegangen, um die Entfernung zu messen. Und während er die Abmessung vornahm, ließ der Zauberer ihn folgendes wissen: wenn der ganze Schuh oder der größte Teil zuletzt über die Haustür hinausragt, dann bedeute dies, daß er von seiner Reise nicht zurückkommen werde; doch wenn wenigstens die Hälfte oder die volle Länge des Schuhs im Innern der Türschwelle bliebe, so könne er damit rechnen, wohlbehalten zurückzukehren.«

Es geschah aber, daß der ganze Schuh oder seine längere Partie über die Schwelle hinausragte; unser Ketzer bekam es mit der Angst zu tun und er beriet sich mit seinen Nächsten, die ihn zu beruhigen suchten:

»Kümmert Euch nicht um diesen Zauber; er ist keinen Pfifferling wert.«

So machte er sich schließlich auf den Weg und wurde tatsächlich im Laufe seiner Reise festgenommen ...

Die »abergläubische« Verkehrung der offiziellen Riten

Anders als in der Vergangenheit konnte es im 13. und 14. Jahrhundert nicht mehr bloß darum gehen, die »Überbleibsel« antiken Heidentums anzuprangern; Superstitionen wird man nun im Schoße der Kirche selbst, in an sich legitimen Praktiken ausmachen, d. h. im sakrosankten Raum der Kirchen und Friedhöfe, im Gebrauch der Sakramente oder an den Rändern jener Sakralsphäre, in die Laien – unter Verletzung der priesterlichen Monopolansprüche – oft eindrangen.

Der Kampf gegen die »abergläubischen« Vorstellungen und Praktiken, die Raum und Zeit betreffen, bekommt in diesem Zusammenhang eine neue Aktualität. Dies wird deutlich an der wiederholten Verkündung der Bestimmungen, die gegen das Brauchtum der Januarkalenden gerichtet waren, aber auch an der Vielzahl neuer Verbote, die beispielsweise das Fest des hl. Johannes, in der Nacht zum 24. Juni, betreffen: in einer Predigt für diesen Festtag zieht Maurice de Sully, der Bischof von Paris, heftigst gegen die »Narren und Närrinnen« zu Felde, die in dieser Nacht rituelle Feuer anzünden; wie wir auch bei dem Pariser Liturgiker Johannes Beleth oder später bei Jacob de Voragine lesen können, sammelte man für dieses Fest Knochen, die verbrannt und deren Asche über den Feldern verstreut wurde (in der Absicht, schädliche Tiere fernzuhalten). Die Kleriker sahen in solchem Tun eine geradezu blasphemische Geste, eine Parodie auf die Henker des hl. Johannes, die ebenfalls die Asche ihres Opfers verstreut hatten.

Die Prediger sind besonders darum besorgt, daß man den Heiligen an ihrem Festtag gebührende Verehrung erweise, und sie formulieren drohende Warnungen an die Adresse derjenigen, die am Sonntag oder an den kirchlichen Feiertagen die Arbeit nicht ruhen lassen. Stephan von Bourbon bemerkt, daß die christlichen Festdaten dem einfachen Volk im allgemeinen unbekannt sind. Daß Sonn- oder Feiertag ist, dessen werden die Städter erst am Läuten der Glocken oder durch das Verstummen des Lärms in den Handwerksstuben gewahr; und die Landbewohner, wenn sie nicht mehr das Rumpeln der Pflüge auf den Feldern hören. Die Exempel-Sammlungen enthalten zahlreiche Episoden, in denen der Verstoß gegen das Sonntagsgebot auf der Stelle mit übernatürlichen Strafen geahndet wird. So erging es jenem Bauern aus der Region von Lyon, der am Tag des Herrn zur Ernte seiner Erbsen schreiten wollte und dessen Hand an einer Pflanze festhaftete; er mußte sich in eine Kirche begeben, doch die Hand blieb den ganzen Tag über gelähmt, bis er endlich dem Pfarrer sein Vergehen gebeichtet hatte; noch im selben Augenblick öffnete sich die Hand und die Erbsen kullerten vor den Altar ...

Die Sakralsphäre, die sich auf die Kirche und den angrenzenden Friedhof erstreckte, wurde ebenfalls zum Gegenstand verstärkter Aufmerksamkeit. Durandus, der Bischof von Mende, verbietet in seinen *Instructiones et constitutiones*, daß in den Kirchen »Gesänge, Tänze, Spiele, Prozesse, Händel oder Versammlungen« stattfinden. Besonders heftig ereifert er sich gegen jene »diabolischen Gesänge, die das Volk nächtens über den Gräbern der Toten erklingen läßt«. Das ganze 13. und 14. Jahrhundert hindurch zeugen die Texte von einem erbitterten Wettstreit zwischen Kirche und Volkskultur um die Kontrolle der sakralen Stätten, besonders um den Raum der Verstorbenen. Die Kleriker verbieten auf diesen Plätzen die Maskeraden und Tänze der Jugend, also jener Altersklasse, die sich bald in den Riten der Heirat und der Fortpflanzung engagieren wird und deren Versöhnung mit den Toten der Gemeinschaft daher besonders dringlich ist. Für einen Jakob von Vitry jedoch wird der Tanzreigen der jungen Mädchen zu »einer Runde, deren Mittelpunkt der Teufel ist«. Hinter einer Vortänzerin, die Gesang und Reigen anführt – unser Prediger ist so liebenswürdig, sie mit dem ersten Tier, der Trägerin der Glocke, in einer Kuhherde zu vergleichen – »bewegen sich die Tänzerinnen nach links« (*in sinistram*), ein eindeutiges Zeichen, daß sie ihrer ewigen Verdammung entgegeneilen ...

Unter den Zeugnissen für die Verurteilung der Tänze und Maskeraden in Kirchen und auf Friedhöfen finden sich auch die ältesten Berichte für den sogenannten »Tanz der Steckenpferde«, den Mitte des 14. Jahrhunderts Stephan von Bourbon im Roussillon und ein Jahrhundert später ein weiterer Dominikaner, Johannes Gobi in der Provence bezeugt (zwei Regionen, in deren Folklore der Brauch bis heute fortlebt).

Hostienfrevel

Im 11. und 12. Jahrhundert tauchen Zeugnisse über »abergläubische« und frevlerische Praktiken mit der Hostie auf. Ihre Zahl steigt sehr rasch: wie Peter Browe gezeigt hat, ist die Chronologie der Berichte über Hostienfrevel mit derjenigen der Verehrung der Eucharistie identisch. Am Beginn seines Werkes *De miraculis* erzählt im 12. Jahrhundert Petrus Venerabilis († 1156) als erster Autor jene phantastische Begebenheit, die sich im folgenden Jahrhundert (wenn auch in veränderter Form) bei den Kompilatoren der Exempla und der Prediger großer Beliebtheit erfreuen wird: um zu verhindern, daß seine Bienen sterben, stiehlt ein Bauer der Auvergne eine geweihte Hostie und legt sie in den Bienenstock; doch als er diesen wieder öffnet, findet er das Jesuskind … Starr vor Schrecken, will er es begraben, doch es verschwindet. Er berichtet den Vorfall seinem Pfarrer, dieser setzt den Bischof von Clermont davon in Kenntnis, der nun seinerseits den Abt von Cluny – unseren Autor – informiert. Petrus Venerabilis konnte schließlich nur noch feststellen, daß der Ort infolge des Frevels von einem Fluch getroffen und zu einer Wüstenei herabgesunken war. In einigen späteren Visionen bauen die Bienen, die schon immer als lebendige Symbole der Keuschheit und Jungfräulichkeit galten, eine kleine Wachskirche um die Hostie, und in diesem wunderlichen Tabernakel wird der Leib Christi feierlich in die Kirche überführt.

Hostiendiebstähle und andere mißbräuchliche Praktiken mit dem »Leib Christi« scheinen damals an der Tagesordnung gewesen zu sein: der Zisterzienser Herbert von Clairvaux (*De miraculis* II, 28) berichtet von einem Bauern, der in einem Schweinestall Hostien deponiert hatte, »um dem Sterben oder der Erkrankung der Tiere vorzubeugen«. Seit dem 13. Jahrhundert verbreitet sich im Klerus schließlich die Furcht vor böswilligem Hostienzauber. Daß zu Beginn des Jahrhunderts Thomas von Chobham den Priestern in seinem Beichthandbuch rät, die geweihten Oblaten gut unter Verschluß zu halten, ist bereits ein erstes Indiz der aufkommenden Hexenangst. Die Prälaten weisen die Priester an, dafür Sorge zu tragen, daß die Gläubigen die Hostien noch während der Kommunion verspeisten und nicht etwa unter der Zunge versteckten, um sie später hervorzuholen und für magische Zwecke zu mißbrauchen. Die verschärfte Repression gegen Hexen und Zauberer im ausgehenden Mittelalter gibt dem Delikt des Hostienfrevels eine geradezu phantasmatische Dimension: wie Jacques Du Clercq in seinen »Memoiren« berichtet, wurde 1461 ein Kleriker aus der Gegend von Soissons der Hexerei angeklagt und ihm vorgeworfen, er habe eine Kröte getauft und ihr das Sakrament der Eucharistie verabreicht …

Der Handel mit heiligem Öl

In den Verdammungsurteilen gegen frevlerische Praktiken wird neben der Hostie auch das heilige Öl erwähnt. Bereits das Konzil von Tours von 813 sowie das Bußbuch des Burchard von Worms prangern jene an, die sich mit Chrisam einsalben, um sich bei Gottesurteilen gegen die Feuerprobe oder den Gang auf glühenden Kohlen zu wappnen. Daher wurde der Klerus angewiesen, auch das heilige Öl streng unter Verschluß zu halten. Während des Hochmittelalters befürchtete man jedoch vor allem den Verkauf des Chrisams, ein Delikt, dessen sich zuweilen die Priester selbst schuldig machten. Auf indirekte Weise manifestiert sich in derartigen Praktiken die große Bedeutung, die dem Sakrament der Taufe und der Letzten Ölung zugemessen wurde, aber auch das Eindringen der Geldwirtschaft in den innersten Bereich der Religion. Die Verteilung des Chrisams, einer »Gottesgabe«, die der Bischof jährlich an die Pfarrer seiner Diözese austeilte, war im Prinzip unentgeltlich: wer dieses Öl verkaufte, der verunreinigte es nicht nur, sondern verhinderte auch, daß sich innerhalb des Klerus sowie zwischen Klerikern und Gläubigen jene symbolische Tauschbeziehung konstituieren konnte, die das Fundament des Kirchengebäudes zusammenhielt. Der Bischof von Mende verurteilte alle, die »unter dem Vorwand irgendeines Brauchtums das heilige Öl verkaufen, sei es um Kinder zu taufen, Sünder und Kranke mit der Kirche zu versöhnen oder Tote zu begraben«. Übrigens werden auch alle Kleriker mit der Amtsenthebung bedroht, welche die Taufhäubchen ihrem rechtmäßigen kirchlichen Gebrauch entfremden; denn diese Häubchen wurden sorgsam aufbewahrt im Glauben, dies begünstige das spätere Geschlechtsleben der Jungen und Mädchen.

Zur gleichen Zeit unterlagen verschiedene Formen der Gottesverehrung spürbaren Veränderungen; die Grenzen zwischen Erlaubtem und Verbotenem, zwischen »Religion« und »Aberglauben« verschoben sich. Wir wollen im folgenden zwei Phänomene betrachten, die sich innerhalb derselben globalen Entwicklung situieren, aber jeweils entgegengesetzte Eigenschaften aufweisen: das Ritual einer »Demütigung des Heiligen« und der Bilderkult.

Patrick Geary hat die Formen und Funktionen der »Demütigung des Heiligen«, wie sie im 11. und 12. Jahrhundert in Klöstern wie Cluny oder St. Martin von Tours verbreitet waren, gründlich untersucht. Dieser Ritus war eine spezielle Form des monastischen *clamor*,

eines expressiv-lautstarken Klage- und Trauerrituals, und sollte die Feinde des Klosters, etwa weltliche Herren der Nachbarschaft, dazu zwingen, ihre Attacken gegen Klostergut und -besitz einzustellen. Zu diesem Zweck deponierten die Mönche die Reliquien ihres Heiligen, aber auch Kreuze und Sakralgefäße auf dem Boden vor dem Altar. Wenn die Gebeine des Heiligen nicht umgebettet werden konnten, wurde das Grab mit Dornen bedeckt, die an die Erniedrigung Christi während seiner Passion erinnern sollten. Schließlich ergingen sich die Mönche in langen Klagegesängen, verfluchten den Hochmut ihrer Feinde und riefen Gott zum Zeugen ihrer Demut an. In der Sichtweise der Mönche hatte dieses Ritual eine doppelte Funktion: einerseits handelte es sich um eine Einstellung aller gottesdienstlichen Aktivitäten, um eine Art von liturgischem »Streik«, in dessen Verlauf dem Feind auch der Zugang zur Kirche untersagt wurde und der ihn zum Einlenken zwingen sollte; doch andererseits sollte der Heilige, dessen Reliquien eine regelrechte »Demütigung« erfuhren, dazu gezwungen werden, bei Gott zugunsten seiner Diener Fürbitte zu leisten, er sollte sozusagen in die Pflicht genommen werden ...

Es versteht sich von selbst, daß man dieses minutiös geregelte Ritual, das in der Praxis anscheinend recht wirksam war, ausschließlich den Mönchen zugestehen wollte. Denn übertragen in die Hände von Laien, konnte es leicht Anlaß bieten zu diversen »abergläubischen« Praktiken: eines Tages veranstalteten die unfreien Bauern der Abtei von Saint-Calais-sur-Aille, die der drückenden Forderungen eines lokalen Grundherrn müde waren, ihren eigenen *clamor* in der Klosterkirche; zuerst warfen sie sich vor dem Altar nieder, um den Heiligen mit Flehgebeten zu überschütten, dann jedoch nahmen sie die Altardecke herunter und zwei von ihnen schlugen auf den steinernen Altartisch, welcher die Reliquien des Heiligen enthielt:

17. Am Schnittpunkt zwischen dem christlichen »Jenseits« und den Vorstellungen des Volksglaubens: die Hölle und der Tod. Im angstgeladenen »Herbst des Mittelalters« kommt es zu einer Begegnung und Fusion zwischen dem »Tod«, der als riesiges Skelett eine zugleich realistische und allegorische Darstellung erfährt, und einer monströsen, alptraumhaften Hölle, deren Opfer von bestialischen Mäulern verschlungen werden. Die Verdammten selbst sind klassifiziert nach ihren Sünden: es erscheinen Wucherer, Wüstlinge, Ehebrecher, Heuchler, Diebe und Gotteslästerer. (Fresko des »Jüngsten Gerichts« von Notre-Dame-des-Fontaines, 1492, La Brigue, Alpes-Maritimes, Pilgerort mit Heilquellen)

»Weshalb verteidigst du uns nicht, heiliger Herr? Weshalb befreist du uns, deine Knechte, nicht von diesem mächtigen Feind«?

Als Angehörige der klösterlichen *familia* erhoben sie Anspruch auf den übernatürlichen Schutz und die Privilegien dieser sakralen Gemeinschaft. Doch der Lärm alarmierte die Wächter der Kultstätte; diese eilten herbei und vertrieben sie aus der Kirche.

Heiligenbilder und »Aberglauben«

Zu solchen Szenen kam es noch im 12. Jahrhundert. Doch schon im 13. Jahrhundert begannen Kleriker, aber auch Mönche die »Demütigung der Heiligen« grundsätzlich in Frage zu stellen, auch in jenen Fällen, in denen sie den Regeln entsprechend durchgeführt wurde. Die Gewaltsamkeit des Ritus und der magische Charakter des gegen den Heiligen angewendeten Zwanges schienen nicht nur unvereinbar mit der Würde der Gottes- und Heiligenverehrung, sondern widersprachen auch der stärker intellektuell ausgerichteten Religiosität eines Klerus, der an städtischen Schulen ausgebildet worden war. Was bisher allgemeiner Brauch gewesen war, erschien nun plötzlich illegitim und fand sich auf die dunkle Seite des »Aberglaubens« verbannt.

Gleichwohl verschwand die »Demütigung der Heiligen« nicht mit einem Schlag; sie wurde vielmehr auf einen anderen Typ von Kultobjekten übertragen: auf Heiligenbilder, die jetzt einige der früher von Reliquien erfüllten Funktionen übernahmen. Entsprechende Beispiele finden sich Ende des 13. Jahrhunderts in zwei Erzählungen der *Legenda aurea* des Jacobus de Voragine, welche die Statuen des hl. Nikolaus und der Gottesmutter in den Mittelpunkt rücken.

Ein Jude läßt eine Statue des hl. Nikolaus anfertigen und stellt seine Güter unter ihren Schutz. Doch während seiner Abwesenheit stehlen ihm Räuber all seinen Besitz, mit Ausnahme des Standbildes. Der Jude schmäht den Heiligen mit wütenden Vorwürfen und überhäuft seine Statue mit Schlägen. Doch als die Räuber die Beute unter sich aufteilen, erscheint ihnen der hl. Nikolaus, zeigt ihnen die Spuren der Schläge, die man ihm zugefügt hatte, und kann sie auf diese Weise davon überzeugen, das Diebesgut zurückzugeben.

In der zweiten Erzählung wendet sich eine Frau, deren Sohn in die Hände von Feinden gefallen war, an das Standbild der Jungfrau Maria und wirft ihr vor, die ihr erwiesene Verehrung geringgeschätzt und

18. Die Darstellung der Trinität hatte einerseits die Beziehung der drei Personen, andererseits ihre Individualität zu berücksichtigen: Gottvater wurde meistens als thronender Greis gezeigt, der das Kreuz seines Sohnes hält – Zeichen der Inkarnation; die Taube des Heiligen Geistes stellt das Bindeglied zwischen beiden dar. Doch im 15. Jahrhundert wurde diese Szenerie zuweilen in einer aufklappbaren Marienstatue plaziert. Ein Jean Gerson verurteilte diesen Brauch: es schien nicht nur geschmacklos, die »Innereien« der Gottesmutter in dieser Weise den Blicken auszusetzen, sondern konnte auch dazu verleiten, die Inkarnation als eine Angelegenheit der ganzen Trinität – und nicht bloß des »Sohnes« – anzusehen.
(Aufklappbare Marienstatue, 15. Jahrhundert, Paris, Musée Cluny)

den Sohn nicht vor den Feinden beschützt zu haben. Sie beschließt daher, das Jesuskind als Geisel zu nehmen:

»Sie nähert sich und stiehlt die Statue des Kindes, welches die Jungfrau auf ihrem Schoße trug. Glücklich, daß sie nun anstelle ihres Sohnes eine so bedeutende Geisel ihr eigen nennen kann, eilt sie nach Hause, wickelt das Kind in weißes Linnen und versteckt es in einem Schrank, den sie sorgfältig verschließt.«

Die Gottesmutter ist nun zum Handeln gezwungen: sie erscheint in der darauffolgenden Nacht dem gefangenen Sohn, öffnet die Tür seines Kerkers und sagt:

»Mein Sohn, bestell' deiner Mutter, daß sie mir ihren Sohn zurückgeben soll, denn ich habe ihr auch den ihrigen zurückerstattet.«

So hatte die Frau das Ziel ihrer Aktion erreicht und kann der Marienstatue das Jesuskind zurückgeben. Das Motiv eines »Kindertausches« verweist auf Glaubensvorstellungen und Rituale, welche die sogenannten »Wechselbalge« betreffen und die zur selben Zeit durch Jakob von Vitry und Stephan von Bourbon bezeugt sind: um die Krankheit eines Kindes zu erklären, verdächtigten die Bauern zuweilen Waldgeister, ihr gesundes Kind mit einem kränklichen Teufelskind vertauscht zu haben. Ein besonderes Ritual sollte die Geister dazu zwingen, das schwächliche Kind wieder zurückzunehmen und durch das entführte Kind zu ersetzen. Wir kommen noch darauf zu sprechen, weshalb die Kirche in diesem Ritual alle Anzeichen eines Teufelskultes zu erkennen glaubte.

Was die Statue der Jungfrau mit dem Kinde angeht, so kommt es Jacobus de Voragine gar nicht in den Sinn, daß hier »Aberglauben« im Spiele sein könnte. Diese offensichtliche Toleranz in einer Epoche, in der die »Demütigung der Heiligen« und ihrer Standbilder nicht länger akzeptiert wurde, läßt sich nur aus der Eigengesetzlichkeit des hagiographischen Genres, aus seiner Logik des Wunderbaren erklären. In Wirklichkeit wurde der Brauch, Bilder oder Statuen der Jungfrau Maria oder anderer Heiliger auf dem Boden zu deponieren und mit Dornen zu bedecken, 1274 auf dem zweiten Konzil von Lyon als »schrecklicher Mißbrauch, bar jeder Frömmigkeit« beurteilt. Am Ende des Jahrhunderts zitiert Durandus von Mende dieses Verdammungsurteil wörtlich in einer Anweisung an den Klerus seiner Diözese, und noch im 14. Jahrhundert, in der *Summa Collectionum* des Franziskaners Durandus de Champagne, wird im Abschnitt über die Zauberei davon gewarnt, einen Altar mit Dornen zu bekränzen.

Der »abergläubische« Gebrauch religiöser Bilder war nur möglich geworden, weil die legitime »Bilderverehrung« seit der Jahrtausendwende in den Kirchen einen ungeheuren Aufschwung genommen hatte. Im Gegensatz zur Ikonen-Verehrung, wie sie in der byzantinischen Kirche seit der Beilegung des Ikonoklasmus-Streits üblich war, tendierte das Hochmittelalter gemäß einer auf Papst Gregor zurückgehenden und im karolingischen Bilderstreit bestätigten Tradition dazu, die Rolle der Bilder auf die Belehrung der ungebildeten Laien zu beschränken, die in Unkenntnis des Lateins keinen direkten Zugang zur Heiligen Schrift hatten. Das Bild war daher nur eine Verlängerung, ein Substitut der Schrift. Doch um die Jahrtausendwende erfuhr die Reliquienverehrung eine Ausweitung durch das Aufkommen von Bilddarstellungen der Heiligen. Es handelte sich dabei vor allem um Statuen, dreidimensionale »Bilder« also, in die Partikel von Heiligenreliquien eingelassen wurden; das Bild wurde nun in jene Frömmigkeitsformen und Wundergläubigkeit einbezogen, die bislang die Reliquienverehrung gekennzeichnet hatten. Das Zentralmassiv im französischen Süden war eines der wichtigsten Ausgangszentren dieses Umbruchs; davon zeugen noch heute, neben einigen anderen Objekten, vor allem die Statue der hl. Fides in Conques, die Standbild und Reliquiar in einem ist, sowie das *Liber miraculorum* dieses Wallfahrtsortes. Die Anfertigung des Heiligenstandbildes, das Aufblühen der Wallfahrt und die Abfassung des Mirakelbuches fanden ungefähr gleichzeitig statt und werden um das Jahr 1000 datiert.

Das christliche Götzenbild der hl. Fides

Auch wenn die Mönche des Klosters zweifellos die wesentlichen Nutznießer und Protagonisten des neuen Kults waren, so mußte doch das Standbild der heiligen Fides, seine zentrale Position innerhalb des Kultortes, der Glanz seines Goldes und seiner kristallenen Augen, die Bittgesuche, welche die große Schar der Pilger an es richteten, einen aus dem Norden kommenden Kleriker, der mit den lokalen Bräuchen nicht vertraut war, mißtrauisch machen. Als Bernhard von Angers, der an der Schule Fulberts von Chartres ausgebildet worden war, zusammen mit seinem Begleiter Bernier zum ersten Mal nach Conques kam, schien es ihm, als ob die Bauern (*rustici*) dieser wilden Region ein Idol ähnlich den antiken Götzenbildern des Jupiter oder Mars verehrten.

19. Um die Jahrtausendwende überwand die Kirche ihre traditionelle Zurückhaltung gegenüber der Bilderverehrung, die bis dato als eine Art Idolatrie angesehen wurde. Doch im Gegensatz zum Osten waren die neuen Kultobjekte keine Ikonen, sondern dreidimensionale Bilder, Standbilder der Jungfrau oder von Heiligen, die zugleich Reliquiare waren, z.B. die sogenannte *majestas* der hl. Fides in Conques. Die prachtvoll mit Gold, Silber und Edelsteinen verzierte Statue wurde zum Mittelpunkt einer bedeutenden Wallfahrt, wie sich auch aus dem ausführlichen »Mirakelbuch« des Kultortes ergibt.
(Majestät der Hl. Fides, um 1000, Conques, Klosterkirche)

Erst die weithin berühmten Wunder, die sich vor dieser Statue ereigneten und die auch durch Erscheinungen der hl. Fides beglaubigt waren, vermögen einen Einstellungswandel bei Bernhard zu bewirken; er beschließt kurzerhand, seine Feder in den Dienst dieses Kultes zu stellen und ein »Buch über die Wunder der hl. Fides« zu verfassen. Doch selbst dann konstatiert man noch ein gewisses Mißtrauen in der Einstellung des nordfranzösischen Domklerikers: als die Mönche mit ihrer Statue eine Prozession veranstalten, um ein Stück Land zu beanspruchen, das ein Adliger aus der Nachbarschaft dem Kloster entrissen hatte, bemerkt er, dieser Brauch »könne durchaus abergläubisch erscheinen« ...

Doch die Verehrung von dreidimensionalen Bildern erfuhr im 12. und 13. Jahrhundert einen ungeahnten Aufschwung; daß die Häretiker den Bilderkult seit dem Beginn des 11. Jahrhunderts zum Anlaß genommen hatten, die Kirche selbst der Götzenverehrung zu beschuldigen, konnte nur dazu beitragen, im Klerus rasch alle diesbezüglichen Skrupel zu beseitigen. Der Bischof Gerhard von Cambrai verteidigte etwa 1025 gegen die Ketzer von Arras die Legitimität der christlichen Bilddarstellungen, und im darauffolgenden Jahrhundert konnte die polemische Auseinandersetzung mit den Juden, die entschiedene Verfechter einer alttestamentarischen Bilderfeindlichkeit waren, den Klerus nur in seiner Überzeugung bestärken. Als »Aberglauben« denunzierte die Kirche fortan die Einstellung der ketzerischen Bilderstürmer, die Vorläufer der protestantischen Ikonoklasten waren, oder aber – am anderen Ende des Spektrums – den Gebrauch jener Stoffpuppen und Wachsstatuen, welche die Zauberer für ihre Hexenkünste verwendeten.

Kritik am Wunderglauben

Doch auch unabhängig von Reliquien und Heiligenstatuen begünstigte der allgemeine Aufschwung des Heiligenkults die Entstehung neuer Formen von »Aberglauben«; es geschah dies gleichsam indirekt, d.h. in dem Maße, wie die kirchliche Hierarchie die Verehrung der Heiligen einer immer strengeren amtlichen Kontrolle zu unterwerfen suchte. André Vauchez hat gezeigt, daß das Papsttum seit dem 12. Jahrhundert in Form des Kanonisationsprozesses eine neue Prozedur einführte, um einen Heiligen zu »küren«; die Heiligsprechung bestand in einer offiziellen Untersuchung und war letztlich von einer kurialen Entscheidung abhängig. Unter dem Einfluß des neuen Verfahrens konstatiert man in den Beurteilungsmaßstäben der Hierarchie ein wachsendes Mißtrauen gegenüber jenen Wundern, die der Mann (oder die Frau) Gottes zu seinen Lebzeiten vollbracht hatte; aber auch die *post mortem* gewirkten Wunder werden nun als weniger wertvoll angesehen als das tugendhafte Leben des zukünftigen Heiligen: Verdienste, nicht Wunder gelten als die sichersten Zeichen von Heiligkeit.

Während das Wunder also seine Bedeutung als offizielles Heiligkeitskriterium immer mehr einbüßte, erfuhr es im theologischen Diskurs eine präzisere Bestimmung. Als eine genau umschriebene intellektuelle Kategorie wurde es zum Objekt raffinierter Definitionen und Diskussionen, die sein praktisches Anwendungsfeld immer mehr einengten. So unterscheidet Thomas von Aquin drei Arten von Wundern: übernatürliche, widernatürliche und außernatürliche (*supra naturam, contra naturam, praeter naturam*). Doch mußte nicht, wer um jeden Preis das »Übernatürliche« zu definieren suchte, dem Zweifel Tür und Tor öffnen?

Ohne von der Kirche offiziell verworfen zu werden, fanden sich das Wunder und der Wunderglauben allmählich ins Abseits gedrängt. Daß man begann, mißtrauisch zu werden, geht klar aus den Kanonisationsakten hervor: in der *Forma interrogandi*, formuliert 1232 unter Gregor IX., will man etwa wissen, ob der als heilig angesehene Kandidat beim Wirken eines Wunders zauberische Beschwörungsformeln verwendet habe. »Wen hat er angerufen und mit welchen Worten?« sollte die Untersuchungskommission die Zeugen fragen. Man wollte sich vergewissern, daß der Teufel nicht mit von der Partie war ...

»Spontane Heilige«

Die drakonische Selektion, der die Kirche die Heiligkeits-Kandidaten unterwarf, findet einen verschärften Ausdruck auch in jenem »Traktat über die Reliquien«, den der Mönch Guibert von Nogent zu Beginn des 12. Jahrhunderts verfaßte. Guibert übt sich in einer gedankenreichen Kritik hagiographischer Überlieferungen. Auch jene Mönche werden nicht verschont, die sich in ihrer Unwissenheit und Besitzgier rühmen, Eigentümer von Christus-Reliquien zu sein: im Kloster Saint-Medard in Soissons will man einen Milchzahn des Herrn sein eigen nennen, anderenorts Brot, das er gekaut habe … Doch die einzige authentische »Reliquie« Christi, die Hostie, ist anderer Art; nach Jesu eigenen Aussagen ist sie, wie Guibert in Erinnerung ruft, ein Sakrament. Freilich neigen auch Laien allenorts vorschnell zu der Anerkennung von Heiligen. Weil er zwei Tage vor dem Osterfest verstorben war, wurde der Sohn eines Ritters von den Bauern der Umgebung wie ein Heiliger verehrt; ein Kult begann sich zu entwickeln, eine Grabstätte wurde errichtet, Kranke wurden herbeigeführt … Jedermann, stellt Guibert fest, vor allem die alten Frauen, wünscht sich einen heiligen Patron, um ihn zu verehren. Und der Klerus? In weiser Voraussicht zieht er es vor, zu schweigen …

Doch diese naive, spontane Sehnsucht nach Heiligkeit – zeigt sie nicht, daß die Christianisierung erfolgreich war? Auch die verstocktesten Anhänger des Aberglaubens sind nun offensichtlich erklärte Christen; die Heidenbekehrung steht jedenfalls nicht mehr auf der Tagesordnung.

Statt dessen muß die kirchliche Hierarchie mit wachsender Besorgnis feststellen, daß religiöse Devotion auf falsche Bahnen geraten und Kulte entstehen lassen kann, die offiziell nicht beglaubigt sind. Solche fehlgeleitete Religiosität findet sich vereinzelt im Klerus, vor allem in der großen Masse der Gläubigen, wenn diese nämlich sich selbst überlassen sind. Bis zum Ausgang des Mittelalters und darüber hinaus werden die kirchlichen Autoritäten, bei Gelegenheit einer Pastoralvisite oder eines Inquisitionsprozesses, zu ihrer großen Verblüffung immer wieder mit der »wilden« Verehrung von Lokalheiligen konfrontiert sein, an der außer ihnen selbst niemand Anstoß nimmt …

Der »abergläubische« Kult des hl. Guinefort

Mitte des 13. Jahrhunderts stößt der Dominikaner Stephan von Bourbon auf einer seiner Reisen als Prediger und Inquisitor in der Dombes, etwa 40 km nördlich von Lyon (wo sich sein Konvent befand), auf Berichte über einen gewissen Heiligen namens Guinefort, zu dessen Grab die Bauern ihre kranken Kinder brachten. Er begibt sich an den besagten Ort – ein dichter Wald im Niemandsland zwischen mehreren umliegenden Dörfern – und ist dort mit einem wahrhaft teuflischen Kult, mit der Legende eines gewissen Heiligen namens Guinefort konfrontiert: die Bauern erklären ihm, es handele sich bei dem Heili-

gen um einen Windhund, der das Kind seines Herrn vor einem
Schlangenbiß gerettet habe; im Irrtum über das Vorgefallene habe dieser den Hund jedoch unrechtmäßig getötet und so einen Märtyrer aus
ihm gemacht. An der Stelle, wo einst das Schloß gestanden habe, auf
das infolge des Verbrechens ein Fluch gefallen und das vom Erdboden
verschwunden sei, kamen nun die Bauern zusammen, um den merk-
würdigen »Märtyrer« zu verehren; hier erwarteten sie auch die Heilung ihrer kranken Kinder. Man verfuhr folgendermaßen: ein krankes
Kind wurde zwischen Baumstümpfen hindurchgeführt und dann
nackt neben zwei Kerzen auf dem Boden zurückgelassen. Nachdem
die Bauern Opfergaben niedergelegt hatten, entfernten sie sich einen
Augenblick. Schließlich kamen sie wieder herbei und hoben das Kind
auf, um es einer Art Gottesurteil zu unterwerfen: es wurde in das eis-
kalte Wasser der Chalaronne, eines benachbarten Flusses, getaucht. Es
gab nur zwei Möglichkeiten: entweder das Kind starb oder es war de-
finitiv geheilt. Der Zweck des Ritus war also eine Identitätsfeststel-
lung: die Bauern behaupteten, daß Waldgeister – »teuflische Faune«
für den Inquisitor – die Kinder entführt und durch kränkliche Kinder,
sogenannte »Wechselbalge«, ersetzt habe. Durch den Ritus hofften
die Eltern, die »Faune« zur Zurücknahme der teuflischen Geschöpfe
und zur Herausgabe ihrer gesunden Kinder zwingen zu können; das
Eintauchen in kaltes Wasser sollte die Gewähr dafür bieten, daß der
Austausch auch tatsächlich stattgefunden hatte.

Der Inquisitor ist entsetzt und reagiert ähnlich wie einst der hl.
Martin vor dem Grab des Räubers, den man zum Heiligen erkoren
hatte: er läßt die Bäume niederhauen und die Überreste des Hundes
exhumieren und verbrennen. Vor allem wendet er sich in einer Predigt
an die versammelten Bauern und schärft ihnen ein, von ihrem »Aberglauben« abzulassen. Doch großer Erfolg war ihm nicht vergönnt: der
Kult des hl. Guinefort ist erneut bezeugt in der Periode vom 17. bis
zum Beginn des 20. Jahrhunderts.

Für Stephan von Bourbon, aber auch für verschiedene Volkskundler des 19. Jahrhunderts, die seinen Bericht kannten, handelte es sich
bei diesem Kult um heidnische »Überbleibsel«; andere Gelehrte sahen
in ihm das späte Echo eines Totem-Kults aus der keltischen oder sogar
prähistorischen Zeit. Wie ich selbst zu zeigen versucht habe, kann sich
die Verehrung eines hl. Guinefort aber erst während des 11. und 12.
Jahrhunderts konstituiert haben, in jenem Augenblick also, in dem
sich die typischen Sozial- und Siedlungsstrukturen des Feudalzeit-

Von Schimpff vnd Ernst.

20. Seit der zweiten Hälfte des 15. Jahrhunderts entstanden mit den neuen Techniken des Buchdrucks, des Holzschnitts und des Kupferstichs plötzlich ungeahnte Möglichkeiten zur massenhaften Verbreitung von Ideen, Glaubensvorstellungen und Bildern. Die Erbauungs- und Unterhaltungsliteratur der Epoche schöpfte dabei auch in dem reichen Fundus der mittelalterlichen Legenden. Eine dieser Legenden handelte von dem heiligen Windhund, der das Kind seines Herrn vor Schlangenbissen rettet, aber ungerechterweise getötet wird; sie wurde zum Ursprungsmythos des »abergläubischen« Kultes eines Heiligen namens Guinefort.
(Johannes Pauli, *Schimpf und Ernst*, 1535)

alters ausbildeten. Die Geschichte dieses Kults, der von seiner Entstehung bis ins 19. Jahrhundert natürlich beträchtliche Entwicklungen durchmachte, ist eingeschrieben in die »lange Dauer« der traditionellen ländlichen Gesellschaft.

Die beschriebene Legende und der mit ihr verknüpfte Heilungsritus ermöglichen uns ein besseres Verständnis dessen, was die Superstitionen von der offiziellen kirchlichen Religion der Kirche unterschied. Im Gegensatz zu den Ketzern verwarfen die »abergläubischen« Bauern keineswegs den Heiligen- oder Märtyrerkult. Die Idee der Heiligkeit und des Martyriums, aber auch rituelle Praktiken wie Wachsgaben und andere Schenkungen waren feste Bestandteile der kirchlichen Kultur und ihrer Riten. Inakzeptabel war in kirchlichen Augen aber der tatsächliche Gebrauch, den die Bauern von diesen Elementen machten, angefangen bei der Vorstellung, ein Hund könne als Heiliger verehrt werden. Einige Aspekte des Kultes erinnerten auch allzusehr an die antike Götzenverehrung: der Glaube an »Wechselbalge« berührte sich in gefährlicher Weise mit der Idee eines dämonischen Paktes. Andere Elemente mochten wie eine blasphemische Parodie kirchlicher Riten erscheinen: das Untertauchen des Kindes im Wasser evozierte natürlich die christliche Taufe. Da weder ein Kirchengebäude existierte noch ein Kaplan oder Kleriker, der den Kultort beaufsichtigte, hatten die Bauern völlig freie Hand bei der Gestaltung ihres Kultes. Das Ergebnis konnte dem Inquisitor nur nahelegen, daß hier mindestens eine strenge Ermahnung vonnöten war.

Die Quelle von Planhes

Die Gründe für die kirchliche Unnachgiebigkeit gegenüber dem »Aberglauben« gehen auch aus einem Briefwechsel hervor, den der Bischof von Saint-Papoul und der dominikanische Inquisitor der tolosanischen Provinz, Hugo Niger, im Jahre 1443 in der Angelegenheit eines »abergläubischen« Kultes an der Quelle von Planhes führten. Diese Quelle, der Wunder zugeschrieben wurden, befand sich in der Nähe einer dem hl. Basilikus und dem hl. Julianus geweihten Kapelle, in der die Bauern »das Grab eines unbekannten Laien verehrten«. Der Bischof und der Inquisitor sind aus mehreren Gründen besorgt: zum einen argwöhnen sie, daß die Bauern dem Quellwasser als solchem – anstatt der göttlichen Gnade – Wunderkraft zuschreiben, was Idolatrie wäre. Und selbst wenn man dem Wasser eine natürliche Heilwirkung zugestehen könnte, so bieten doch die anderen »abergläubischen« Elemente des Kultes Grund genug, um ihn in dieser Form zu unterbinden.

»Die Ausrede dieser Bauern, sie würden nur zum hl. Julianus beten, dessen Kapelle sich an diesem Ort befindet, ist sinnlos und heuchlerisch; denn nicht dieses ist es, was wir ihnen zum Vorwurf machen, sondern ihren Glauben, daß Gebete nur dann wirksam sind, wenn man auch Quellwasser trinkt, diese angeblich heilige Quelle beschwört und Waschungen vornimmt; solches tun heißt den hl. Julianus und die göttliche Macht beleidigen.«

Der Bischof und der Inquisiteur glauben guten Grund zu der Annahme zu haben, daß es sich bei dem verehrten Leichnam gar nicht um einen Heiligen handelt, jedenfalls nicht um den hl. Julianus und seine

Gefährten, die »das Martyrium in Antiochea – und nicht in Planhes – erlitten haben«. Und der Bischof vergißt nicht, daran zu erinnern, auf welche Weise der hl. Martin jenem Kult ein Ende bereitet hat, in dem ein Räuber als Heiliger verehrt wurde.

Man ist versucht, die rigorose Argumentation unseres dominikanischen Inquisitors mit der Logik jener kulturellen Praktiken zu konfrontieren, die er kritisiert. Drei Dinge, so führt er aus, sind hier in Betracht zu ziehen: *principium, medium, finis* – erstens die »Ursprünge« des Kultes, zweitens die »Mittel« (das tatsächliche Geschehen), drittens die damit verfolgten »Zwecke«.

Was die »Ursprünge« betrifft, so gibt die soziale Herkunft desjenigen, der als erster die Wunderkraft der Quelle offenbart hat, allen Anlaß zu Zweifeln: es handelte sich um einen einfachen Kuhhirten, dessen Tier sich am Rand des Gewässers niedergekauert hatte und der daraufhin nichts besseres zu tun hatte, als lautstark ein Wunder zu verkünden … Doch angenommen, es habe sich tatsächlich um ein Mirakel gehandelt, so könnte dieses durchaus von gefallenen Engeln bewerkstelligt worden sein. Vor allem war der Kuhhirte allein gewesen, er hatte keine Zeugen; es könnte sich also durchaus um eine »Fabel« handeln; erwähnt nicht bereits Laktantius solche Superstitionen, die auf schieren Betrug zurückgehen?

Die »Mittel« des falschen Kultes sind: »Besprengen mit Spachteln«, Prozessionen um Quelle und Kirche, Verbeugungen vor dem Grab eines unbekannten Laien, alles »eitler, infamer und unerträglicher Aberglauben«, denn es existierten keinerlei Garantien für die Authentizität dieses Grabes.

Der »Zweck« des Kultes, die Suche nach Heilung, könnte als legitim betrachtet werden, wenn nur die angewandten Mittel nicht so zweifelhaft wären. Einige haben eingewandt, das Wasser heile auf natürliche Weise und man solle derlei Praktiken dulden aus Rücksicht auf die Armen, welche sich an diesem Ort in großer Zahl zusammenfinden; doch der Inquisitor weist dieses Argument zurück und verdächtigt seine Befürworter, ihrerseits dem »Aberglauben« anzuhängen. Auf Ersuchen des Inquisitors, der sich mit dem Erzbischof von Toulouse beraten hat, beschließt der Bischof, die Mißbräuche abzustellen: die Quelle wird verschlossen, der Zugang zu ihr untersagt; wer dennoch im Irrtum verharrt, wird mit der Exkommunikation bedroht. Doch man entdeckt in der Folge noch weitere raffinierte Mißbräuche und Irrtümer, die von diesem Kult herrühren. In Castelnaudary feiert der Bischof ein Hochamt zu Ehren des hl. Michael und hält eine Predigt, in der er die Offenbarung des Johannes kommentiert und »über jene Superstitionen, Betrügereien und Irrtümer spricht, welche die Schrift für die Epoche des wirklichen und mysteriösen Antichrist und des gemeinen Satan vorhergesagt hat«.

Die Superstitionen haben also auch eine eschatologische Funktion. Zwar erscheinen sie als Rückkehr zum antiken Götzendienst, beschwören aber gleichzeitig das Zeitenende herauf, an dem die abergläubischen Helfershelfer des Antichrist schließlich Farbe bekennen müssen. Am Ausgang des 15. Jahrhunderts verstärkt die Woge des Hexenwahns noch dieses endzeitliche Klima und begünstigt eine unversöhnliche Verdammung jedweden »Aberglaubens«.

Der »harte Kern« des Volksglaubens: Abundantia und das Totenheer

Wenn die Kirche abergläubische Praktiken und Vorstellungen also im Herzen ihres eigenen Kultes – in den offiziellen Formen der Eucharistie und der Heiligenverehrung – vorfand, so war sie doch auch mit Traditionen konfrontiert, die der christlichen Religion völlig fremd waren und mit denen jeder Kompromiß unmöglich schien. Die Phänomene, von denen hier die Rede sein soll, die »Wilde Jagd« und die nächtlichen Umzüge der Abundantia, konfrontieren uns erneut mit dem Kult der Toten.

Seit dem 11. Jahrhundert unternimmt die Kirche verstärkte Anstrengungen, um den Totenkult zu christianisieren. Die monastische Kultur spielt hier eine zentrale Rolle: zwischen 1024 und 1033 führen die Cluniazenser das Fest Allerseelen ein, welches am Tag nach Allerheiligen (2. November) gefeiert wird und sich schnell in der ganzen Christenheit verbreitet. Allerseelen wird zum Dreh- und Angelpunkt des liturgischen Totengedenkens, welches in den Klöstern eine herausragende Rolle spielte; doch mit der Einführung regelmäßiger Totenmessen gewann das kirchliche Totengedenken auch bei den Laien eine verstärkte Bedeutung.

Der Glaube an reinigende Jenseitsstrafen, der sich in der zweiten Hälfte des 12. Jahrhunderts in der Vorstellung des »Fegefeuers« (*purgatorium*) als eines spezifischen Ortes konkretisiert, muß ebenfalls in diesem liturgischen Kontext gesehen werden.

Auch der Glaube an sogenannte »Wiedergänger« gewinnt nun wieder jene Bedeutung und Legitimität, die er seit den ersten Jahrhunderten des Christentums verloren hatte. Es wurde als völlig normal angesehen, daß die Toten, die im Jenseits büßen mußten, sich ihren Verwandten in Erscheinungen zu erkennen geben, um Gebete, Messen oder fromme Schenkungen zu fordern, die ihr jenseitiges Los erleichtern und ihr Fegefeuer abkürzen konnten. Es ist also kein Zufall, wenn sich die Berichte über die Erscheinung individueller Wiedergänger in der narrativen Literatur (Mirakelerzählungen und Exempla) seit dem 12. Jahrhundert sprunghaft zunehmen.

Die Armee der Toten

Doch zur gleichen Zeit wissen die kirchlichen Autoren auch von kollektiven Erscheinungen zu berichten, in denen die Verstorbenen einen Zug, eine Truppe oder eine ganze Armee formen. Es finden hier sehr alte Vorstellungen, die vorher kaum bezeugt sind, Eingang in die schriftliche Tradition: Tacitus spielt in seiner *Germania* auf diesen Komplex an, doch nur sehr vage, und die kirchliche Literatur läßt ihn vor dem 11. Jahrhundert völlig unerwähnt. Handelt es sich hier um eine alte germanische Tradition, welche durch die Einfälle und Völkerwanderungen des frühen Mittelalters auch im übrigen Europa, vor allem in Frankreich, Fuß faßte? Doch ebensogut könnte man einen Zusammenhang zwischen dem Totenheer und den Sozialstrukturen der feudalistischen Epoche vermuten: in den Berichten über Totenerscheinungen, die sich seit der Jahrtausendwende in den rheinischen Ländern, aus Wales, Frankreich, Italien und Spanien sprunghaft vermehren, präsentiert sich das *exercitus mortuorum* als ein negatives Gegenbild des lehnsherrlichen Aufgebots, als ein übler Haufen von Raubrittern. Diese Armee der Toten erscheint vor allem an Kreuzwegen, an den Rändern des besiedelten Gebiets, also in jenen Grenz- und Zwischenräumen, die im Zuge der feudalen Parzellierung einen großen Symbolwert bekommen haben.

Die Dämonisierung der »Wilden Jagd«

Das ganze 11. und 12. Jahrhundert hindurch hat die Kirche versucht, diese Glaubensvorstellungen zu christianisieren. Die Erzählungen

über Totenerscheinungen versinnbildlichten nach Ansicht der kirchlichen Autoren die Kollektivbuße der Seelen, eine Art »mobiles Fegefeuer«.

Doch als im 12. Jahrhundert das »Fegefeuer« als feste Örtlichkeit entsteht, d. h. zum Eigennamen für eine bestimmte Lokalität des Jenseits wird, war diese Deutung nicht länger haltbar. Die teuflischen Züge der »Wilden Jagd« gewannen nun die Oberhand.

Betrachtet man zunächst die ältesten Zeugnisse, so kann man die Entwicklung ermessen, die zwischen dem Beginn des 11. und dem 13. Jahrhundert stattgefunden hat. Der burgundische Mönch Radulf Glaber (985-1050) erzählt im zweiten Buch seiner »Geschichten« von der Vision eines Mönches Vulferius aus dem Kloster Moutier-Saint-Jean, in der Diözese von Langres: in der Nacht zum Sonntag der Dreifaltigkeit wird dieser Zeuge, wie sich die Kirche seines Klosters mit weiß und purpur gekleideten Menschen füllt, angeführt von einem Prälaten, der sich vorstellt als »Bischof vieler Völker«; die Personen dieser Schar sagen, sie wären gekommen, um an diesem Tag an der liturgischen Feier der Mönche teilzunehmen. Sie erklären dem erstaunten Vulferius, daß sie im Kampf gegen die Sarazenen gefallene Christen seien. Auf dem Wege in das Reich der Erwählten hätten sie in seiner Heimat Halt gemacht, um einige Gefährten zu treffen. Der Bischof gibt Vulferius in der Tat nach Beendigung der Messe den Friedenskuß, was der Mönch als Zeichen seines bevorstehenden Todes interpretiert.

Radulf Glaber berichtet weiter, wie im Jahre 1014 eines schönen Sonntagabends ein Priester beim Blick durch das Fenster eine Reiterarmee sieht, die sich aus dem Norden kommend in Schlachtordnung nach Westen bewegt. Er ruft den Gestalten etwas zu, doch sie verschwinden. So begreift auch er, daß ihn noch im Laufe desselben Jahres der Tod ereilen wird. Radulf Glaber erläutert diese phantastischen Erscheinungen nicht weiter: so bewahren sie für den Leser eine mysteriöse Zweideutigkeit ...

21. Während seiner feierlichen Beisetzung öffnet Raymond Diocrès, Domkanoniker von Notre-Dame in Paris, den Deckel seines Sarges und verkündet: »Ich wurde verdammt durch das gerechte Urteil Gottes«. Die Vita des hl. Bruno, des Gründers der Kartäuser, berichtet, daß der Heilige sich unter dem Einfluß dieser Episode zum Einsiedlerdasein bekehrt habe.
(*Belles Heures du Duc de Berry*, Gebrüder Limbourg, 1407-1408, New York, Metropolitan Museum of Art, Cloisters Collection)

Ein Jahrhundert später hat an der Pforte der Priorei der hl. Fides im elsässischen Schlettstadt ein ritterlicher Vasall der Herren von Staufen eine ähnliche Erscheinung: zunächst erblickt er eine Schar weißgekleideter Pilger, dann eine Truppe von Reitern, die ganz in rotes Tuch gekleidet sind; einer der Roten erklärt ihm, daß die Weißen im Zustand der Sünde verstorben seien, daß aber die der hl. Fides geleisteten Schenkungen sie vor der ewigen Verdammnis bewahrt hätten; die Roten seien hingegen unbußfertig in der Schlacht gefallen und noch am gleichen Abend von einem Berg bei Nivelles verschlungen worden. Als die Erscheinung wieder verschwunden war, kennzeichnet der Ritter den Ort mit zwei Steinen und hat es dann sehr eilig, Buße für seine Sünden zu leisten ...

Die »familia Herlechini«, »Hellequins Schar«

In anderen Texten derselben Epoche erscheint der teuflische Charakter des Totenheers hingegen schon in wesentlich markanterer Form. In seiner 1140 verfaßten »Kirchengeschichte« berichtet Ordericus Vitalis in einer ausführlichen Erzählung, wie das Totenheer, das hier zum ersten Mal als *familia Herlechini*, als »Schar Hellequins« bezeichnet wird, einem normannischen Priester namens Guachelm erscheint. Diese Vision ereignete sich 1091, am ersten Januar, also zu einem Zeitpunkt des Jahres, der zum Bedauern der Kirche besonders anfällig für »abergläubische« Vorstellungen und Praktiken war; vor allem war der Jahresbeginn auch der bevorzugte Zeitpunkt für die Erscheinungen der Toten. In dieser Nacht also sah der Priester der Kirche von Bonnevaux vor seinen Augen eine furchterregende Armee vorbeiziehen. Der Zug wurde angeführt von einem Riesen, der ihn mit einer gewaltigen Keule bedrohte; ihm folgte eine Gruppe von Fußgängern, die heftiges Klagegeschrei von sich gaben und unter denen der Priester jüngst verstorbene Personen erkannte. Nach den Fußgängern kamen Tragbahren, auf denen Zwerge mit unförmigen Köpfen saßen; zwei teuflische »Aethiopier« schleppten einen Balken, auf dem ein Dämon einen elenden Verbrecher quälte, der dem Priester ebenfalls persönlich bekannt war. Es folgte eine Gruppe berittener Frauen, die schreckliche Qualen erlitten und die er ebenfalls kannte. Schließlich kamen noch Ritter, die schwarze Banner trugen und im Begriff waren, sich ins Schlachtgetümmel zu stürzen. Als Guachelm sie sah, wurde ihm klar, daß er es mit der *familia Herlechini*, der *»maisnie Hellequin«* zu tun hatte; man hatte ihm oft davon erzählt, doch er hatte diesen Berichten niemals Glauben geschenkt ... Er will eines der Pferde anhalten, erleidet jedoch durch die Berührung mit dem Zaumzeug Verbrennungen an der Hand; der Reiter hätte ihn getötet, wenn Guachelm nicht die Jungfrau Maria angerufen hätte und ein anderer Ritter ihm zu Hilfe gekommen wäre. Als der Unbekannte sein Visier öffnet, ist die Überraschung groß: es ist sein eigener Bruder, der ihn darum bittet, für ihn zu beten, um die Dauer seiner Buße abzukürzen.

Nach dieser Erscheinung erkrankt der Priester, lebt aber noch fünfzehn Jahre lang. Ordericus Vitalis kannte ihn und bezeugt, er habe seine schrecklichen Verbrennungen gesehen ...

Im 12. Jahrhundert vervielfachen sich die Belege für die *familia Herlechini*: Walter Map weiß von Erscheinungen im Maine und in der Bretagne zu berichten; der Zisterzienser Helinand von Froidmont bezeugt ähnliches aus Orléans: »Das Volk glaubt, daß die Seelen der Toten ihre Sünden beweinen und gewöhnlich in jenem Aufzug erscheinen, den sie als Lebende ihr eigen nannten: die Bauern erscheinen gekleidet wie Bauern, die Ritter wie Ritter ...« Wenig später berichtet Gervasius von Tilbury dieselben Traditionen aus der Bretagne sowie aus Katalonien; das Totenheer pflegt bevorzugt in Waldgebieten zu erscheinen, mittags oder zu Beginn von Vollmondnächten.

In anderen Berichten ist nicht *Hellequin* der Anführer dieser phantastischen Truppe von Jägern und Hunden, sondern König Arthur, der einer Legende zufolge auf der Insel Avallon lebt, wohin die Fee Morgana den Schwerverletzten einst in Sicherheit gebracht hat. Stephan von Bourbon ist sich der Janusgesichtigkeit dieser Gestalt bewußt und er überliefert uns beide volkstümlichen Bezeichnungen für das Totenheer: *familia Allequin vulgariter vel Arturi*. Die Vorstellung eines »mobilen Fegefeuers« wird ad acta gelegt, denn von nun an herrscht Einmütigkeit in der Ablehnung der »Wilden Jagd« als einer Schar des Teufels, bestimmt zur Täuschung der einfachen Leute. Ein savoyischer Bauer, der sein Reisigbündel über Berghänge transportierte, sah sich plötzlich von der »Schar Arthurs« in das Innere des Berges entrückt, »in einen riesigen und sehr vornehmen Palast, wo edle Herren und Damen sich belustigten, tanzten, erlesene Köstlichkeiten aßen und tranken; schließlich sagte man ihm, es sei Zeit zu schlafen, er wurde zu einem Bett geführt, das mit feinsten Ornamenten bestickt war und in dem eine Dame von wunderbarer Schönheit lag; er kroch hinein und war bald eingeschlafen, doch am nächsten Morgen erwachte er ganz elend, auf seinem Reisigbündel liegend und als Betrogener ...«

Unser Prediger hat wenig Verständnis für diese arthurische Utopie, die ein Königreich beschwört, das mit allen Zügen des Schlaraffenlandes ausgestattet ist. Die Erzählung bekommt für ihn einen anderen Sinn: sie zeugt von dem Einfluß der Dämonen über ungebildete, in Fleischeslüsten befangene Seelen.

Bei Stephan von Bourbon macht die Vorstellung des Totenheeres also zwei grundlegende Wandlungen durch: einerseits erscheint es nur noch als eine Armee von Dämonen, andererseits bleibt es mobil, wird aber mit dem Topos sexueller und teuflischer Ausschweifungen verbunden.

Die Toten und der Überfluß des Hauses

Die neuen Formen des Hexenwahns speisten sich aber noch aus einem anderen Glaubenskomplex: die traditionellen Erzählungen über jene weiblichen Hausgeister, die das Wohlergehen eines Haushalts garantierten. Es sind uns mehrere präzise Zeugnisse zu diesem Thema überliefert, die jeweils den nächtlichen Flug mancher Frauen mit Diana oder Herodias verurteilen und die sich anschließen an eine Tradition kirchlicher Textzeugen, die vom *Canon Episcopi* (9. Jahrhundert) bis zu Gratians *Decretum* oder zum *Polycraticus* des Johannes von Salisbury (1115-1180) reicht.

Seit dem 12. Jahrhundert erlauben einige andere Texte, die Realitäten besser zu erfassen, die hinter den allzu stereotypen Formulierungen der älteren Zeugnisse verborgen liegen. Aus den Differenzen dieser Texte dürfen wir schließen, daß sie jeweils unabhängig voneinander verfaßt wurden, aus ihren Übereinstimmungen hingegen, daß die fraglichen Glaubensvorstellungen tatsächlich recht weit verbreitet waren. Auch wenn ihre klerikalen Autoren nicht ganz auf die hergebrachten Interpretationsraster verzichten wollen, so geben sie doch genauer Beobachtung den Vorrang gegenüber bloßer Büchergelehrsamkeit.

Der Theologe Wilhelm von Auvergne erwähnt in *De universo* (II, 3, 12) einen weiblichen Geist namens *Satia* – eine Bezeichnung, die seines Erachtens von »Sättigung« abgeleitet ist – und *Domina Abundia,* »welche Überfluß in die Häuser bringt, die sie besucht«. *Satia* kostet die in den Häusern gefundenen Speisen, ohne daß sich deren Menge verringert. Dies geschieht vor allem, wenn Töpfe und Gefäße absichtlich nicht verschlossen, sondern in Erwartung des nächtlichen Besuches geöffnet wurden. Wird sie aber am Essen und Trinken gehindert, so stiftet sie nicht Überfluß, sondern Unglück.

Domina Abundia ist die latinisierte Form der französischen Bezeichnung *Dame Abonde,* die im *Roman de la Rose,* aber auch bei Raoul de Presles, dem Übersetzer von Augustins *De Civitate Dei* bezeugt ist. In dieser Bezeichnung kommen die alltäglichen Ängste einer Gesellschaft zum Ausdruck, die ständig am Rande des Mangels lebte. Das Gegenbild dieses Mangels, der materielle Überfluß, spielt daher eine große Rolle in volkstümlichen Ritualen, vor allem bei den Hochzeitsbräuchen. In einer an junge Mädchen adressierten Predigt beschreibt Jakob von Vitry unter Berufung auf die eigene Anschauung, wie man in gewissen Gegenden Getreidekörner über dem Brautzug verstreute, wenn dieser aus der Kirche zum Haus zurückkehrte, und daß die Umstehenden in diesem Moment riefen: »*Habundantia! Habundantia!*« was soviel bedeutet wie »Überfluß«. Er verurteilt diesen Brauch jedoch und fügt hinzu, daß noch im Laufe desselben Jahres die verschiedenen Haushalte des Ortes plötzlich verarmt seien und unter Mangel gelitten hätten ...

Ein exemplum Stephans von Bourbon erzählt in humorvoller Weise von einer Maskerade junger Leute, die sich als »*bonae res*« verkleidet hatten. *Bonae res,* »gute Dinge« – so nannte man im Jura und in der Alpen-Rhone-Region die Herrin Abundantia und die wohltätigen Geister ihrer Truppe. In einer Pfarrei der Diözese von Besançon, »wo man solches Zeug glaubte«, verkleideten sich einige »liederliche« Burschen als Frauen und drangen in das Haus eines reichen Bauern ein; sie hatten Fackeln in der Hand und sangen grölend: »Einen nehmen wir und geben hundert« (*Unum accipe, centum redde*). Auf diese Weise plünderten sie vor den Augen des leichtgläubigen Bauern das ganze Haus. Dieser meinte zu seiner Frau: »Sei still und schau nicht hin; bald werden wir reich sein, denn dies sind die ›guten Dinge‹, und sie werden unsere Güter um ein Hundertfaches vermehren.« Unser Prediger sieht hier nur geschickte Räuber am Werk, welche die Leichtgläubigkeit ihrer Zeitgenossen auszunutzen wußten, doch seine Beschreibung läßt durchaus an jene rituellen Maskeraden denken, die mit der regelmäßigen Wiederkehr der wohltätigen Geister in Zusammenhang standen. Arnold van Gennep erwähnt unter den traditionellen Bräuchen, die in dieser Region im 19. Jahrhundert verbreitet waren, eine sogenannte »Maskerade der Tante Arie«, die Leckereien an die Kinder verteilte ...

Zwei andere »exempla« des Stephan von Bourbon bezeugen den Glauben, wonach bestimmte Personen – und wenn auch nur im Traum – am nächtlichen Flug der Geister und der *bonae res* teilnehmen können. Unser Prediger rückt diese Gestalten in die Nähe von Diana und Herodias, deren Namen er der kirchlichen Literatur entnommen hat, und er betrachtet derartige Träume als Illusionen des Teufels. Es bleibt aber festzuhalten, daß sein Text gleichsam unfreiwillig volkstümliche Glaubensvorstellungen dokumentiert, der sich in einem genau umschriebenen Raum zwischen Lyon, Genf und Besançon abspielt.

In der Diözese Genf behauptete ein Mann, nächtlichen Umgang mit den »guten Dingen« zu haben, und er konnte seinen ungläubigen Pfarrer schließlich dazu überreden, ihn auf einem dieser Ausflüge zu begleiten. Tatsächlich erwachte der Priester rasch aus seinem ersten Schlaf und fand vor seiner Tür einen Holzbalken, der ihn alsbald in ein großes Kellergewölbe brachte, wo im Lichtschein von Fackeln und Kerzen eine große Menge von Frauen tafelte und sang. Ein großes Lärmen ging an: »Los, zu Tische, zu Tische!« Der Priester nahm Platz in der Runde, machte aber nach seiner Gewohnheit automatisch das Kreuzzeichen. Das sollte ihm schlecht bekommen: denn der dämonische Trug verschwand auf der Stelle und er fand sich in einem lombardischen Weinkeller, im Adamskostüm und auf einem Faß sitzend; es war gerade noch Zeit genug, sich aus dem Staub zu machen, um nicht gefangen und wie ein Dieb gehängt zu werden ...

Auch in der zweiten Erzählung Stephans spielt ein Pfarrer die Hauptrolle: ein altes Weib (*vetula*) hat behauptet, sie sei trotz verschlossener Türen nächtens zusammen mit den *bonae res* in sein Haus eingedrungen; während er schlief, habe sie seine Nacktheit verborgen und ihm so das Leben gerettet. In diesem Fall gab der Priester der Hexe (*sortilega*) einen praktischen Beweis, daß sie dem Trug ihrer Träume zum Opfer gefallen war; er schloß sie in einem Zimmer ein, aus dem sie aus eigener Kraft nicht entkommen konnte, und demonstrierte ihr auf diese Weise, daß es sich bei ihrer angeblichen Fähigkeit, verschlossene Türen zu überwinden, um pure Illusion handelte.

Wie die Bedingungen aussahen, unter denen bestimmte Personen – wie sie glaubten – am Nachtflug der Herrin Abundantia (*Dame Abonde*) teilnehmen konnten, wird um 1280 im Rosenroman von Jean de Meung genauer beschrieben. Manche glauben, daß die drittgeborenen Kinder dreimal wöchentlich in Begleitung von Abundantia die Häuser der Nachbarn besuchen. Der Dichter betrachtet dies als »entsetzlichen Wahn« (*folie horrible*): in Wirklichkeit gehe nur die Seele auf eine nächtliche Reise, könne aber bei dieser Gelegenheit verschlossene Türen und Mauern passieren; der eingeschlafene Körper bleibe unbeweglich, bis daß die Seele wieder in ihn zurückkehre; wende man während der Abwesenheit der Seele den Körper jedoch um, so könne diese nicht zurückkehren und sei zu ewigem Umherirren verdammt.

Derartige Vorstellungen sind nicht außergewöhnlich: sie basieren auf dem Glauben, daß diejenigen mit dem Jenseits in einer privilegierten Verbindung stehen, die mit einem »Geburtszeichen« behaftet sind, die in der Geschwisterreihe eine besondere Position einnehmen, bzw. deren Geburt durch irgendeine Besonderheit gekennzeichnet war, wie es z.B. der Fall war bei jenen, die in einer »Glückshaube«, d.h. in der Haut der Gebärmutter, geboren wurden. Die friaulischen *benandanti* des 16. Jahrhunderts, deren Geschichte Carlo Ginzburg nachgezeichnet hat, waren durch die letztere Eigenschaft ausgezeichnet: die einen waren auf diese Weise dazu bestimmt, viermal im Jahr – während der kirchlichen Bußwochen – gegen Hexer zu kämpfen, um die Fruchtbarkeit der Felder zu sichern; die anderen nahmen, so glaubte man, in einem Traum- oder Trance-Zustand an einem Ritual teil, das auch Jean de Meung beschrieben hat: ihre Seelen verließen für eine gewisse Zeit den Körper, um sich dem Umzug der Toten anzuschließen.

In der Gestalt der Herrin Abundantia verdichtet sich also ein Komplex von Glaubensvorstellungen und Praktiken, die durch die Anrufung von Ahnenseelen häuslichen Wohlstand und dörfliche Prosperität zu garantieren suchen. Diese Beziehung zwischen Abundantia und den Toten ist nicht nur im Friaul bezeugt; sie begegnet bereits in den Geständnissen, die zu Beginn des 14. Jahrhunderts der Inquisitor Jacques Fournier im Ariège aufgezeichnet hat. Ein Priester, Arnaud de Monesple, überlieferte ihm die Aussagen des Ketzers Arnaud Gélis:

»Er sagte mir, daß er nächtens mit den ›guten Damen‹, d.h. mit den Seelen der Toten, auf Wegen und an verlassenen Orten umherzöge, und manchmal würden sie in Häuser eindringen, besonders in schöne, saubere Häuser, und den guten Wein trinken, den sie dort fänden.«

Mengarde de Pamiers bestätigte die Ausführungen von Arnaud Gélis:

>»Als ich ihn über die ›guten Damen‹ befragte, ob das wahr sei, was man von ihnen sagt, oder nicht, daß sie nämlich auf Wägen umherzögen, da antwortete er, dies sei unwahr, doch seien diese ›guten Damen‹ große und reiche Frauen, die in dieser Welt in Kutschen gefahren seien und die nun von Dämonen in Kärren über Berge, Täler und Ebenen gezogen würden.«

Diese umherirrenden Seelen, *bonae res* oder »guten Damen« im Gefolge der Herrin Abundantia – und es gab ihrer viele in den Hohlwegen um Montaillou – mußten in klerikalen Augen wie Ausreißer erscheinen oder wie Deserteure, die sich dem Fegefeuer widersetzten. Wie wir bereits ausgeführt haben, klärte sich mit der »Geburt des Fegefeuers« die kirchliche Vorstellung vom Verbleib der Toten zwischen dem Tod und dem Jüngsten Gericht, und die Prediger beeilten sich, den individuellen Wiedergängern einen positiven Status und eine konstruktive Rolle zuzuweisen: sie baten die Lebenden, ihre Zeit im Fegefeuer durch Fürbitten abzukürzen. Nur das Heer der umherirrenden Seelen war von dieser Normalisierung der Beziehung zwischen den Lebenden und den Toten ausgeschlossen, sowohl in seiner männlichen Version – Totenheer, *familia Herlechini*, Wilde Jagd – als auch in seiner weiblichen – Herrin Abundantia, »gute Damen«, *bonae res*. Während die Bauern zumindest in letzteren gute Geister sahen, so hatte die Kirche sich dafür entschieden, alle umherirrenden Seelen Dämonen gleichzusetzen.

Ihre Unfähigkeit, Logik und Funktion dieser Glaubensvorstellungen wirklich zu begreifen, veranlaßte die kirchlichen Autoren, das Unbegriffene immer stärker zu »verteufeln«: die wohltätigen Geister wurden jenen grausamen *lamiae* oder *strigae* angeglichen, die in den älteren Traditionen überliefert waren; jeder, der sich des nächtlichen Umgangs mit ihnen rühmte, zog sich den Vorwurf zu, stillschweigend oder ausdrücklich einen Pakt mit dem Teufel geschlossen zu haben. Vom Nachtflug der »guten Damen« bis zum Hexenflug und zur großen Perversion des Hexensabbat war es nur ein kleiner Schritt: die Richter und Inquisitoren vollziehen ihn im Laufe des 15. Jahrhunderts ...

V

Hexensabbat und Charivari
im späten Mittelalter

Die Hexerei in den Wechselfällen der Geschichte

Ein traditionelles ländliches Zauberwesen, das die Verhexung des Nachbarn oder seiner Tiere betraf, ist bereits im frühen Mittelalter – wie wir am Beispiel des Hinkmar von Reims zeigen konnten – gut bezeugt. Im 11. und 12. Jahrhundert werden die Quellen zahlreicher und warten mit genaueren Angaben auf: für das Poitou berichtet der Chronist Ademar von Chabannes über einen Prozeß gegen eine Frau, der man vorwarf, den Grafen von Angoulême verhext zu haben; durch ein »Gottesurteil« wird ihre Schuld erwiesen, doch sie ist nicht geständig und der Graf verzeiht ihr, bevor er stirbt; trotzdem läßt ein Sohn die Hexe nach dem Tod des Vaters verbrennen ...

Im Bericht über die Ermordung Karls des Guten, Graf von Flandern, im Jahre 1127 beschreibt Galbert von Brügge das Wirken und die Bestrafung einer ähnlichen Hexe:

»Als der Graf Thierry zum ersten Mal nach Lille kam, begegnet ihm eine Hexe: sie war in den Fluß hinabgestiegen, den der Graf auf einer Brücke überquerte, und benetzte ihn mit Wasser. Auf diese Weise, so sagt man, wurde der Graf Thierry so sehr an Herz und Magen krank, daß er jede Speise und jedes Getränk von sich wies. Die Ritter waren besorgt um sein Schicksal, sie bemächtigten sich der Hexe, banden ihr Hände und Füße, schleppten sie auf einen Haufen von Stroh und Heu und verbrannten sie.«

Zauberei und Hexerei dienten als Erklärungen für die diversen natürlichen Mißgeschicke des Daseins wie Krankheit und Tod, vor allem aber für sexuelle Impotenz. In seiner Autobiographie weiß der Mönch Guibert von Nogent von einem solchen Fall zu berichten: sein eigener Vater war durch den Zauber einer eifersüchtigen Stiefmutter nach seiner Hochzeit sieben Jahre lang unfähig zur Zeugung von Nachkommen gewesen. Doch die den Fluch wieder lösen konnte, war auch ein

»altes Weib« … Kleriker und Mönche waren also von der Wirksamkeit der Zauberei nicht weniger überzeugt als (vornehme *und* einfache) Laien. Die weltlichen Autoritäten pflegten Hexerei mit dem Feuertod zu bestrafen, doch manchmal kam ihnen die Bevölkerung zuvor und steinigte die Verdächtigen.

In den angeführten Berichten ist niemals die Rede vom Teufel oder von einem zwischen ihm und den Hexen geschlossenen Pakt; es geht ausschließlich um das *maleficium* selbst, das heißt die Verursachung von Schaden durch Zauberei. Umso größer ist der Unterschied zu jenem kirchlichen Konstrukt der Hexerei, das sich im 13. Jahrhundert unter dem Einfluß mehrerer Faktoren entwickelte.

Einige dieser Faktoren hängen mit der labilen Situation einer Kirche zusammen, die sich plötzlich – in einer quasi schockartigen Begegnung – mit volkstümlichen Häresien wie den Katharern oder Waldensern konfrontiert sah. Das Instrument der Inquisition, das man gegen die neue Gefahr anwandte, gewann wachsende Bedeutung, im innerkirchlichen Bereich ebenso wie in den Beziehungen zwischen der Kirchenhierarchie und der Laienwelt. 1258-1260 wies Papst Alexander IV. die Inquisitoren an, nicht bloß nach Häresien zu forschen, sondern auch nach »Fällen von Zauberei und Wahrsagerei, die den Anschein von Häresie hatten«. Diese Entscheidung »nobilitierte« in gewisser Weise »abergläubische« Praktiken, d.h. es stufte sie ein als schwerwiegende Vergehen gegen den Glauben, was in der Praxis recht einschneidende Konsequenzen haben mußte. Wer sich des »Aberglaubens« schuldig machte, war nunmehr ebenso wie ein Häretiker zu einem Geständnis verpflichtet. Vor allem aber stand für die Kirche bereits mehr oder weniger fest, was der Verhörte zu bekennen hatte, hatte doch die Scholastik, wie wir gesehen haben, etwa zur gleichen Zeit dem Begriff eines ausdrücklichen oder stillschweigenden Dämonenpaktes seine endgültige Gestalt gegeben. Die Hexen wurden nun nicht mehr bloß als unschuldige Opfer eines gerissenen Teufels betrachtet, der sich ihre Einfalt zunutze machte. Fortan galten sie als im vollen Sinne schuldig; man erwartete, daß sie dies selbst einsahen und gestanden. Um 1270 wurde in die *Summa de officio inquisitionis*, die in der Umgebung des Bischofs Benedikt von Marseille verfaßt wurde, ein Kapitel über »die Form und den Modus, Wahrsager und Götzenanbeter zu verhören« eingefügt. 1320 erweiterte Papst Johannes XXII. die Amtsvollmacht der Inquisitoren; insbesondere wurde fortan jede Zauberei, die sich der heiligen Sakramente bediente, als häretischer Akt betrachtet. Zur gleichen Zeit, in den Jahren 1307 bis 1323, konnte der berühmte tolosanische Inquisitor Bernard Gui in seinem »Handbuch des Inquisitors« (*Practica inquisitionis*) den Kapiteln, die sich vor allem mit Katharern, Waldensern, Pseudo-Aposteln, Beginen und Juden auseinandersetzte, noch eines über »Zauberer, Wahrsager und Dämonenbeschwörer« hinzufügen. Aus den Fragen, die den Verdächtigen gestellt wurden, aber auch aus der Abschwörungsformel, die sie sprechen sollten, geht hervor, daß die neue Entdeckung der kirchlichen Hierarchie zu Beginn des 14. Jahrhunderts nicht die Fakten an sich betraf – diese waren schon lange bekannt –, sondern die sozusagen »perverse Natur« dieser Fakten, die in dieser Form bislang noch nicht wahrgenommen worden war. Der Inquisitor behielt daher seiner eigenen Zuständigkeit »alle Arten von Divination und Dämonenbeschwörung [vor], soweit diese eine Anbetung oder Verehrung der letztgenannten Geister bzw. einen Treueid, Opfer von Gaben oder von Unschuldigen beinhalten«.

Schwarze Magie

Die Furcht vor teuflischen Umtrieben war im Klerus umso verbreiteter, als sich seit der Mitte des 13. Jahrhunderts nicht wenige Gelehrte, ein Albert der Große (1193-1280) in Paris beispielsweise oder ein Roger Bacon (1214-1294) in Oxford, angesichts der Entdeckung der »Geheimnisse« der Natur zur praktischen Umsetzung jener okkulten Wissenschaft verlockt schienen, die man in gewissen Kreisen mit Magie gleichsetzte. Die große Vertrautheit der neuen Wissenschaft mit arabischen oder jüdischen Autoren verstärkte noch den Verdacht des Dämonenkultes und der Heterodoxie, der auf Astrologen und Alchimisten lastete. Die erste größere Reaktion kam 1270 und 1277 – in Form offizieller Verdammungsurteile – von seiten des Pariser Bischofs Etienne Tempiers, der entschiedener Gegner einer Einführung arabischer Philosophie und Wissenschaft in die christliche Kultur war. 1327 verurteilte Papst Johannes XXII. in seiner Bulle *Super illius specula* die Magier, »die Dämonen in Spiegeln, Ringen und Fläschchen einzuschließen suchen, um Antworten von ihnen zu erlangen«. Große Gelehrte wie der Katalane Raymundus Lullus (1235-1315) oder der Arzt und Alchemist Arnaldus von Villanova (1235-1313) aus Montpellier wurden in dieser Angelegenheit in Untersuchungen be-

langt oder verurteilt. Der Alchemist Jean de Bar endete 1390 in Paris
sogar auf dem Scheiterhaufen; seine Ansichten finden sich dann fast
wortwörtlich in jener Verurteilung von 24 Irrtümern, welche die Universität Paris am 19. September 1398 veröffentlichte, sowie in einem
Werk ihres Kanzlers Jean Gerson (1363-1429) gegen die »Irrtümer,
die der magischen Kunst entspringen«.

In diesen berühmten Texten, die noch im 16. und 17. Jahrhundert
zitiert werden, findet sich die genaue Beschreibung eines magischen
Instruments, welches man in einem Zimmer gefunden hatte: es bestand aus einem Rad, das auf vier Füße montiert war und in dessen
Zentrum sich eine Ampulle mit Zeichen und unbekannten Namen befand. Dieser Gerätschaft bediente man sich, um Geister zu beschwören und verborgene Schätze aufzudecken.

In den verurteilten »Irrtümern« werden außerdem einige Ansichten
zitiert, welche man den Magiern zuschrieb: z. B. »daß es keine Idolatrie noch Abfall von der Kirche sei, einen stillschweigenden oder ausdrücklichen Pakt mit den Dämonen zu schließen«.

»Irrtum! [ereiferte sich Gerson.] Wir halten daran fest, daß ein Teu-
felspakt implizit mit jeder abergläubischen Verrichtung oder Beobachtung vorliegt, die ihre entsprechenden Wirkungen weder von Gott
noch von der Natur erwartet [Artikel 3]. Daß der Versuch, die Teufel
durch magische Künste in Steinen, Ringen, Spiegeln und ihnen geweihten Bildern einzuschließen keine Idolatrie sei [– dies ist ebenfalls
ein Irrtum (Art. 4). Und es ist auch falsch zu glauben,] daß Bilder aus
Erz, Blei, Gold, weißem oder rotem Wachs (oder aus anderem Material), die getauft, exorzisiert oder geweiht (oder vielmehr entweiht)
wurden, jene wundersamen Kräfte besitzen, die ihnen in den Büchern
der magischen Künste zugeschrieben werden [(Art. 21). Weiter irrt,
wer glaubt,] daß die den Himmel bewegende Intelligenz gerade so in
die vernunftbegabte Seele hinabsteigt, wie die Himmelskörper auf den
menschlichen Körper wirken [(Art. 26), oder] daß unsere intellektuellen Gedanken oder inneren Wünsche unmittelbar vom Himmel bewirkt sind, oder daß man durch eine magische Kabbalistik Gedanken
lesen kann [Art. 27].«

Weltliche Richter und Hexerei

Seit dem Beginn des 14. Jahrhunderts hat die Entwicklung des monarchistischen Staates auch eine entscheidende Rolle für die Entwicklung von Einstellungen gegenüber »Aberglauben« und »Hexerei« gespielt. Die repressive Verfolgung des Zauberwesens galt schon seit langem als ein Vorrecht der »öffentlichen« Gewalt, die in der Hand des Königs oder der Grafen war. Zusätzlich erleichterte auch die Wiederentdeckung des römischen Rechts im 13. Jahrhundert derartige Interventionen, die schließlich in den Gewohnheitsrechten kodifiziert wurden: in seinen *Coutumes du Beauvaisis* unterscheidet Philippe de Beaumanoir (1246-1296) in der Gruppe der »Hexereien« jene, die den christlichen Glauben berühren und der Rechtsprechung der Kirche unterliegen – die freilich stets auf den weltlichen Arm zurückgreifen konnte, um die Schuldigen festzunehmen und zu bestrafen – von denjenigen, die den Tod eines Menschen bewirkt hatten: ein solches Verbrechen lieferte den Schuldigen unmittelbar der weltlichen Justiz und der härtesten Bestrafung aus.

Im 14. Jahrhundert erscheinen die Hexen und Hexer also je nach dem vor weltlichen Tribunalen, vor bischöflichen Gerichten oder vor der Inquisition. In den Registern der Vogtei von Paris ist in den Jahren 1390-91 der Prozeß gegen eine gewisse Margot de La Barre erwähnt, die angeblich durch Zauberei die Impotenz eines Mannes bewirkt hatte; ein anderer Prozeß richtete sich im gleichen Jahr gegen eine Jeanne La Brigue, die mittels Magie einen Mann verführt und ihn dann mit Hilfe des Dämons Haussibut, den sie im Namen der Dreifaltigkeit beschwor, getötet haben soll. Und das Gericht von Mende, um nur das Beispiel dieser Diözese zu zitieren, war vom November 1347 bis zum September 1350 der Schauplatz eines endlosen Prozesses gegen den ehemaligen Priester Olivier Pépin, dem man vorwarf, sich den magischen Künsten ausgeliefert, verbotene Bücher besessen und sich ihrer bedient zu haben, um Beschwörungen und Verhexungen vorzunehmen, insbesondere auf Ersuchen der Feinde des Bischofs und mit dem Ziel, diesem Schaden zuzufügen. Er hatte eine Figur aus Wachs hergestellt, die er dann zerbrach mit dem Ergebnis, daß der Bischof, der sich an einem ganz anderen Ort befand, heftige Schmerzen verspürte. Pépin wurde zu einer Buße von 15 Jahren verdammt und auf dem öffentlichen Platz von Mende an den Pranger gestellt. Er legte gegen den Prokurator des Bischofs, Guérin von Châteauneuf, Beschwerde beim Papst ein; doch Guérin wandte sich seinerseits an den König, der nach einer kleinen finanziellen Aufmerksamkeit gerne für dessen gutes Ansehen bürgen wollte ...

22. Der Antichrist und die Alchimisten
(B. Obrist, *Les debuts de l'imagerie alchimique*, 14./15. Jahrhundert)

Diese Affäre ist nicht nur bemerkenswert wegen ihrer Dimensionen, sondern wirft auch ein bezeichnendes Licht auf die Rivalitäten und Interessenkollisionen zwischen den verschiedenen, mit dem Hexenwesen befaßten Instanzen und Mächten.

Die Hexe und der Sabbat

1350 ist ein Schlüsseldatum in der Geschichte der Hexerei. Zu diesem Zeitpunkt scheinen sich die diversen Motive im Bereich des Hexenwesens zum einheitlichen Stereotyp der »Hexe« verdichtet zu haben; ihre Figur wird zum »Sündenbock«, der in den Ängsten der Pestzeit wie gerufen kommt. Schon am Ende der Regierung Philipps des Schönen († 1314) war es zu einigen aufsehenerregenden Verfahren gegen den Templerorden und gegen die Bischöfe Guichard von Troyes und Géraud von Cahors gekommen. Der sukzessive Ausbau der staatlichen Gewalten gab den Bildern, die sich im Verlauf solcher Prozesse der Phantasie der Richter wie der Opfer aufdrängten, plötzlich eine ungeahnte Durchschlagkraft. Die Rigorosität und Unerbittlichkeit der juristischen Verfahrenslogik kann zu einem Gutteil erklären, weshalb sich diese Bilder zum irreversiblen und endgültigen Konstrukt des Hexensabbat akkumulieren konnten.

Im Jahre 1436 schrieb der aus dem Dauphiné stammende Richter Claude Tholosan eine Abhandlung »über die Irrtümer der Zauberer und Hexer« (*Ut magorum et maleficorum errores*). Er konnte dabei auf seine in mehr als 100 Prozessen gesammelte Erfahrung zurückgreifen, um freilich als Laienrichter die Kirche an Härte noch zu übertreffen: der von einem Hexer begangene religiöse Frevel schien ihm zu schwerwiegend, um Nachsicht zu üben, auch wenn dies im Kirchenrecht durchaus vorgesehen war. Hexer sind für ihn nicht bloß Häretiker, sondern Götzendiener und Abtrünnige; ihre Abtrünnigkeit ist perfiden Charakters und schließt jede Barmherzigkeit aus. Das Ungeheuerliche ihrer Vergehen manifestiert sich in scheinbar unschuldigen Gesten und Zeichen: das Pflücken von Johanniskräutern, der Rückgriff auf die Künste von Wunderheilern, aber auch die bloße Furcht vor dem sogenannten Nestel- oder Senkelknüpfen – all dies bildete schwerste Verdachtsmomente und mußte die Aufmerksamkeit des Richters auf sich ziehen. Diese strenge Verurteilung von Praktiken, welche die Tradition als eher harmlos angesehen hatte, zeigt klar, in welchem Maße kirchliche und weltliche Autoritäten unnachgiebig geworden waren.

Die Phantasmen eines nächtlichen Hexenfluges und teuflischer Ausschweifungen, die bereits in der Idee eines ausdrücklichen Teufelspaktes angelegt waren und schließlich durch die »Verteufelung« der Wilden Jagd und der Herrin Abundantia konkrete Gestalt gewinnen konnten, bestimmten wesentlich die Bildwelt der Richter, aber wohl auch die Vorstellungen des Volkes und der Angeklagten selbst. Das nächtliche Treiben war das zentrale *maleficium*, das die Anklage verfolgte, und es bedurfte nur noch eines Namens. »Sabbat« – dies erinnerte nicht nur an den »Aberglauben« der Juden, sondern auch an die geheimen Versammlungen der Häretiker. Der Name erscheint im

15. Jahrhundert, im gleichen Augenblick, als sich bei den Gebildeten die letzten Zweifel an der materiellen Wirklichkeit der nächtlichen Fahrten und Umtriebe der Hexen verflüchtigten. Der Hexensabbat galt also nicht länger als eine illusionäre Traumvorstellung, die vom Teufel inspiriert war, sondern als Realität: die Hexen, so glaubte man nun, fliegen tatsächlich durch die Lüfte, huldigen Satan und haben geschlechtlichen Verkehr mit ihm.

Hatte die Kirche diese realistische Auffassung bisher in der Tradition des *Canon Episcopi* bekämpft, so verbreitet sie sich nun in der zweiten Hälfte des 15. Jahrhunderts unter den kirchlichen Autoren. Um nicht explizit der Autorität eines Textes widersprechen zu müssen, der als beinahe so alt galt wie die Kirche selbst, nahm der Pariser Theologe Jean Vineti, Inquisitor in Carcasonne, in seinem »Traktat über die Beschwörer der Dämonen« Zuflucht zu einer subtilen Unterscheidung zwischen den »alten Hexen« des *Canon Episcopi* und den »neuen«, welche eine »Sekte von Teufelsanbetern« formen würden. Diese Unterscheidung wird 1486 von den Kölner Dominikanern Jakob Sprenger und Heinrich Institoris übernommen, den Autoren des berühmten »Hexenhammers«, die die Ansicht vertreten, die »neuen Hexen« seien ziemlich genau um das Jahr 1400 aufgetaucht ...

Die radikale Infragestellung des *Canon Episcopi* ist aber nicht zuletzt das Werk des Dominikaners Nicolas Jacquier, der im Jahre 1458 eine Schrift mit dem Titel *Flagellum haereticorum* (»Peitsche der Häretiker«) verfaßte: die Hexen bilden seiner Ansicht nach eine regelrechte Gegenkirche. Die großen Hexenprozesse von Arras (Vauderie von 1459) und Lyon (1460) schienen ihm Recht zu geben. Um 1490 ist Pierre Marmoris, Kanoniker in Saintes und Professor an der Universität von Poitiers, einer der ersten, der in seinem *Flagellum maleficarum* systematisch das Wort *sabba* verwenden wird. Und schon 1484 bietet die Bulle *Summis desiderantes* von Innozenz VIII. eine Synthese jenes ganzen dämonologischen Wissens, das sich in den letzten beiden Jahrhunderten angesammelt hatte: die auf vollen Touren laufende Hexenjagd wird jetzt mit einem päpstlichen Siegel versehen ...

»Aberglauben« und Stadtkultur

Auch wenn es in erster Linie die Bauern waren, die sich immer wieder des Unglaubens und des Unwissens – durchaus komplementärer Vorwürfe! – zeihen lassen mußten, so schufen die Renaissance der Städte am Beginn des zweiten Jahrtausends und die Geburt einer städtischen Kultur doch eine zweite Front im Kampf gegen den »Aberglauben«. Die Stadtkultur war in verschiedener Hinsicht nichts anderes als eine bäuerliche Kultur, die in einen städtischen Kontext verpflanzt worden war. In der neuen Umgebung war jedoch alles anders: der Raum war dichter besiedelt und abgeschlossen, die Zeit unterlag einer schärferen Einteilung, das Sozialgefüge war differenzierter: eine Vielzahl gesellschaftlicher Gruppen suchte hier in verschiedenen Formen ihre jeweiligen Identitäten zu behaupten. Auch in diesem neuen Kontext ließ die Wachsamkeit der Kirche gegenüber den Superstitionen nicht nach. Ihren Anstoß erregten vor allem jene Praktiken, die die kalendarischen Riten der Antike fortzusetzen schienen und im Affront gegen den kirchlichen Purismus Partei ergriffen für den Körper, das Lachen und die Ausschweifung, worin die Kirche nur Unordnung, Verbrechen und Sünde sah.

Narrenfest und Karneval

Lange Zeit hat man geglaubt, daß es sich bei dem Fest der Narren, welches am liturgischen Fest der Unschuldigen Kinder (28. Dezember) und an der Beschneidung des Herrn (1. Januar) gefeiert wurde, nur um ein Fortleben der heidnischen Wintersonnwendfeiern bzw. der Januarkalenden handelte. Dies war auch die Auffassung der kirchlichen Autoritäten: 1444 verurteilte die theologische Fakultät von Paris jene Parodien der offiziellen Liturgie, die am 28. Dezember in den Kirchen stattfand und in deren Verlauf man tanzte und Männer sich, wie es hieß, »in Frauen und in Löwen« verkleideten.

In Wirklichkeit erscheint dieses Narrenfest jedoch erst im 12. Jahrhundert, und zwar im Rahmen der neuartigen städtischen Einrichtung der Domkapitel: deren Mitglieder, die als Domkanoniker das ganze Jahr hindurch der Autorität des Bischofs unterworfen waren, erlaubten sich einmal im Jahr kollektive Belustigungen in der Kirche, wählten einen »falschen« Bischof und begleiteten ihn in einer Prozession bis in die Kathedrale. 1198 verurteilt der Bischof Odo von Paris diese *festa fatuorum* seiner Kanoniker, doch zur gleichen Zeit erwähnt sie, ebenfalls in Paris, Johannes Beleth in seiner *Summa de ecclesiasticis officiis* als einen regulären Brauch. In Lille wird das Fest der

Narren oder der Unschuldigen Kinder, welches durch den lokalen Klerus und seinen »Narrenbischof« gefeiert wurde, durch Rechnungsbücher bezeugt, denn die Feier war Anlaß zur Erhebung einer Steuer gewesen.

Im 13. Jahrhundert verbreitet sich dieses Fest auch in anderen sozialen Gruppen. Es entstehen sogenannte »Abteien der Jugend« und die Bruderschaften der Handwerksquellen: die »Bruderschaft der Rottanne« zu Lille, erwähnt 1220, die »Schwärmer« (*Coqueluchiers*) von Evreux (um 1235), die Bruderschaft der »närrischen Mutter« von Dijon, die »Dummköpfe« (*Conards*) von Rouen oder von Evreux, die »Schlechte Regierung« von Mâcon usw. – sie alle kürten einen »König«, einen »Abt« oder einen »Narrenprinzen«, ergingen sich in Kampfspielen oder Maskeraden und veranstalteten zum neuen Jahr einen Umzug. So kam, daß sie mit der Zeit das gesamte festliche Leben der Stadt organisierten, vor allem während der Karnevalszeit. In dieser Rolle werden sie offiziell anerkannt von städtischen Behörden oder sogar finanziell unterstützt; einzig wegen eventueller Übertreibungen und Ausschreitungen war man etwas besorgt. Die moralischen Auffassungen des Klerus hatten angesichts dieser Situation wenig Chancen, Gehör zu finden, denn es war völlig unmöglich, die eifersüchtig auf die Wahrung ihrer Privilegien bedachten Festgruppen zu verbieten. So mußte der Klerus dem festlichen Treiben schweigend zusehen oder sich damit begnügen, mechanisch einige Vorschriften zu wiederholen, die am Gang der Dinge nur wenig zu ändern vermochten ...

Karneval und Fastenzeit

Diese Vorschriften betreffen auch den Karneval, dessen entfesseltes Treiben im Februar oder im März stattfindet, also unmittelbar vor der großen Zeit des Fastens (das genaue Datum variiert in Abhängigkeit vom Ostertermin). Ungeachtet aller älteren Traditionen, die seiner Geburt vorausgegangen sein mögen, ist der Karneval – wie das Fest der Narren – eine Erfindung der mittelalterlichen Stadt.

Eine »Fastenzeit« wurde durch die Kirche im 6. Jahrhundert eingeführt. Doch erst im 12. Jahrhundert – die erste Erwähnung datiert von 1142 und betrifft Rom – kommt es angesichts einer neuen, städtischen Zeitorganisation, die Arbeit und Fest, »magere« und »fette Tage« schärfer einander gegenüberstellt, zur Geburt des Karnevals.

Der Karneval verdankt diese Entstehung also seiner Entgegensetzung zur Fastenzeit. Diese begann während des Frühmittelalters erst nach dem Sonntag Quadragesima und das Fasten war damals an den vier darauffolgenden Sonntagen noch ausgesetzt; erst im 9. Jahrhundert beschloß die Kirche die Einführung eines ununterbrochenen 40tägigen Fastens, so daß sich die Gelegenheit zum »fetten Schmaus« auf den Beginn der Quadragesima (»40 Tage«) verschob. Der Gegensatz zwischen zwei »Zeiten« – einer »fetten« und einer »mageren« – war jetzt schärfer markiert; erst dies ermöglichte ihre Personifikation als »Feinde«. So setzt im 13. Jahrhundert die literarische Tradition einer »Schlacht zwischen Fastenzeit und Karneval« (*la Bataille entre Caresme et Charnage*) ein, die den vorübergehenden Triumph des wilden, gefräßigen und zu allerlei Späßen aufgelegten Karneval über eine griesgrämige und magere Alte, die Personifikation der Fastenzeit, in Szene setzt. Michail M. Bachtin hat den Karneval als eine Manifestation jener leibfreundlichen Mentalität gedeutet, die für ihn das Grundprinzip jeder Volkskultur darstellt; die Fastenzeit wäre dann eine Allegorie auf die Moralvorstellungen der Kirche, die dem Lachen und den körperlichen Freuden feindlich gesinnt ist und sie den Lastern der Gefräßigkeit (*gula*) und der Ausschweifung (*luxuria*) gleichstellt.

Hochzeit und Charivari

Noch entschiedener war die Kirche in ihrer Ablehnung des Charivari: dieses kollektive Ritual der Verspottung richtete sich vor allem gegen die Wiederverheiratung der Witwer und Witwen und schien so die Würde des Ehesakraments anzutasten. Der Charivari wird jedoch nicht vor Beginn des 14. Jahrhunderts erwähnt; er begegnet zum ersten Mal in Paris, also in einem städtischen Kontext. Seine erste Beschreibung, die auch mit Miniaturen illustriert ist, findet sich in einer Interpolation des *Roman de Fauvel* von Gervais du Bus, und der Autor dieser Ergänzung, Chaillou de Pestain, gehörte zweifellos zu den Juristen und Beamten des königlichen Hofes.

Der Held des Romans, dessen Namen *Fauvel* die Anfangsbuchstaben der Laster Schmeichelei (*flatterie*), Geiz (*avarice*), Gemeinheit (*vilenie*), Eitelkeit (*vanité*), Neid (*envie*) und Feigheit (*lâcheté*) formen, ist mit den Eigenschaften eines Pferdes ausgestattet. Da er sich

[Zweispaltiger altfranzösischer Text in gotischer Kursivschrift; nur teilweise lesbar.]

nicht mit *Fortune* verheiraten konnte, nimmt er *Vaine Gloire* (»eitler Ruhm«) zur Gattin, doch nicht in »rechter Ehe«, sondern in Verzicht auf eine öffentliche Hochzeitsfeier und ohne daß ein Priester der Verbindung seinen Segen gegeben hätte. In der Nacht, in der er sich zu seiner neuen Gattin ins Bett begeben will, ertönt plötzlich ein entsetzlicher Lärm: es sind Maskenträger, die einen Zug formieren, um einen entfesselten *Chalivali* zu veranstalten. Der Autor vergleicht diesen Umzug mit dem Zug der Toten, der von *Hellequin* selbst angeführt wird.

Die Mitwirkung *Hellequins* erhärtet jene Deutungen des Charivari, wie sie auf ethnologischer Seite versucht wurden: Der Lärm und die Masken sind demnach nichts anderes als die rituelle Vergegenwärtigung der Toten einer Gemeinschaft; sie protestieren gegen eine Wiederverheiratung, die das Ansehen des verstorbenen Gatten und die Rechte der Kinder aus dieser ersten Ehe schädigen könnte. Die Organisation des Charivari ist eine Aufgabe der Jugend; nicht nur, weil die Belustigungen der Gemeinschaft ihre Domäne sind, sondern vor allem, weil – um nur vom allerhäufigsten Fall auszugehen – die Heirat eines Ortsfremden oder eines Witwers mit einem jungen Mädchen des Stadtviertels oder des Dorfes zwangsläufig jenes Reservoir der potentiell heiratsfähigen Frauen verminderte, auf die diese jungen Männer Anspruch zu haben glaubten. Auch wenn es scheint, als wollten die charivaresken Spektakel derartige Hochzeiten ganz verbieten, so ging es doch im wesentlichen nur um eine Art rituellen »Schadensersatzes«, um eine symbolische Ablöse der Braut; wenn der Bräutigam nur die Getränke bezahlte, so kam alles wieder in beste Ordnung ... Wie der rituelle Lärm, mit dem man eine Sonnenfinsternis – die »Hochzeit« von Sonne und Mond – untermalte, war der Charivari die öffentliche und volkstümliche Sanktionierung dessen, was man eine »schwierige Verbindung« nennen könnte ...

23. Der Dämon zeugt – als sogenannter Inkubus – Merlin. Satan und seine Unterteufel lieben es, die Menschentöchter im Schlaf geschlechtlich zu mißbrauchen; zuweilen geben sie sich zu diesem Zweck die Form eines menschlichen Verführers. Auf diese Weise erklärte man sich, daß manche Menschen im Besitz geheimnisvoller magischer Kräfte waren: es waren »Ausgeburten des Teufels«. Merlin der Zauberer, der Held eines Romans aus dem Artuszyklus im 13. Jahrhundert, war ein solcher Fall. Das Teuflische erscheint hier in der Form des Alltäglichen: sein Schauplatz ist das ruhige, realistisch dargestellte Interieur eines vornehmen Schlafzimmers der Epoche. (Robert de Borron, *Ystoire de Merlin*, Paris, Bibliothèque nationale).

Die Kirche stand dem Aufkommen des Charivari zunächst nicht völlig verständnislos gegenüber. Die verstärkte Bedeutung, die sie seit dem 12. Jahrhundert der Heirat zumaß, die nun als ein exklusiv durch den Priester vollzogenes Sakrament definiert wurde, trug ohne Zweifel mit dazu bei, daß sich auch in der Volkskultur eine neue Konzeption des Ehebundes ausbilden konnte. Doch gemäß der neuen Konzeption fiel die Ehe nicht in die Zuständigkeit der Priester, sondern stand vielmehr unter der Kontrolle der Toten, die darüber wachen sollten, daß die überlieferten Normen der Gemeinschaft eingehalten wurden.

Der geschichtliche Hintergrund ist auch hier wieder die bereits zitierte »Geburt« des Dorfes und der Stadt – beide definiert als Gemeinschaften von Lebenden und Toten in einem genau umschriebenen Raum. Die Eigenlogik der neuen kulturellen Praktiken mußte der Kirche freilich entgehen; sie zögerte nicht, dem Charivari mit ebenso zahlreichen wie unwirksamen Verboten entgegenzutreten.

Die ersten kirchlichen Verdammungsurteile stammen genau aus derselben Zeit wie die Bearbeitung des *Roman de Fauvel*. 1329-1330 wendet sich die Synode von Compiègne gegen die »*chalivali* genannten Spiele« und droht allen, die daran teilnehmen, die Exkommunikation an. 1337 denunziert die Synode von Avignon den »heidnischen« Ursprung dieser »unanständigen Spiele« und ihrer »dämonischen Masken«: es wird moniert, daß der Charivari dem Ehesakrament widerspreche bzw. – im Falle einer zweiten Heirat – dem priesterlichen Segen; schließlich ist man auch besorgt über gewaltsame Ausschreitungen, die im Verlauf gewisser Charivaris vorkommen können; wegen des zwischen Tätern und Opfern gestifteten »Haß und Grolls« befürchtet man sogar, derartige Spektakel könnten mit »Mord und Totschlag« enden.

In dieser Besorgnis war sich die Kirche übrigens mit den weltlichen Autoritäten einig. Die Bischöfe machten daher in der Neuzeit mit den Ordnungsmächten gemeinsame Sache, um jene anzuprangern – der Pfarrer J.-B. Thiers spricht von einer »Canaille und nichtsnutzigem Pack« –, die sich zwar nicht immer maskierten, aber stets unerträglichen Lärm veranstalteten, um den Neuverheirateten das Geld aus der Tasche ziehen (und dies nicht bloß bei zweiten Heiraten, sondern fast bei jeder Hochzeit). Zu keinem Zeitpunkt haben die kirchlichen Autoritäten dem Charivari das Recht zugestanden, eine Hochzeit zu sanktionieren: solches betrachtete man als ausschließlich kirchliches Recht. Doch insistierte man immer weniger auf dem angeblich frevlerischen Charakter des Charivari, der lange Zeit im Mittelpunkt der

Kritik gestanden hatte; statt dessen nimmt man vor allem Anstoß an der Störung der öffentlichen Ordnung und des privaten Lebens, die durch derlei Spektakel verursacht wird.

Ländlicher »Aberglaube« und städtisches Selbstbewußtsein

Daß städtischer Boden in den Augen der Kirche eine Brutstätte war, wo alter »Aberglauben« in einem neuen Gewande wiederauflebte, hat weder die urbanen Eliten – Laien und manchmal sogar Kleriker – noch das Volk daran gehindert, die Lebensform der Stadt als einen neuen religiösen und kulturellen Bezugspunkt anzusehen. Den Gegensatz von »Religion« und »Aberglauben« hatte man schon von jeher – in römischer Tradition – mit dem von Urbanität (*urbanitas*) und bäuerlichem Wesen (*rusticitas*) gleichgesetzt. Doch der letztlich agrarische Charakter der mittelalterlichen Gesellschaft, ihre »Schollengebundenheit«, hatte diese Gleichsetzung auf lange Zeit hin zu einer bloß theoretischen Überlegung gemacht. Erst seit dem Aufstieg der mittelalterlichen Stadt im 12. Jahrhundert hatte der Topos »*urbanitas/rusticitas*« erneut Chancen, sich wieder mit realem Inhalt zu füllen.

Zur gleichen Zeit hat auch die Kritik am Aberglauben eine merklich andere Wendung genommen: anstatt wie bisher die Bewahrung der Glaubenswahrheiten und die Übereinstimmung der Frömmigkeitspraxis mit den kirchlichen Normen zu betonen, fällt man jetzt ein kulturelles Werturteil und versucht – spöttisch oder belehrend – die Überlegenheit der eigenen Position herauszustellen. Wir begegnen der neuen Sichtweise bereits im *Jeu de la Feuillée* von Adam de la Halle, entstanden 1276 in Arras (also noch vor dem *Roman de Fauvel*): angekündigt durch ein bizarres Lärmen von Glöckchen, wird hier ein grotesker Butzemann namens Croquesos, verkleidet als struppiger Teufel, in Szene gesetzt. Er ist unterwegs im Auftrag der Truppe Hellequins (*maisnie Hellequin*), dem traditionellen Totenheer. Hatte die Kirche diese Figur erfolgreich »verteufelt«, so wird die aufkommende Bürgerkultur einen Spaßvogel oder Bühnenkaspar aus ihr machen: den Harlekin …

Auch die Schwank- und Unterhaltungsliteratur des Spätmittelalters entdeckt nun plötzlich ein Interesse am bäuerlichen »Aberglauben«, um ihn der amüsierten Neugier eines städtischen Bildungsbürgertums vorzusetzen. In den »Spinnstubenevangelia« (*Les Evangiles des que-*

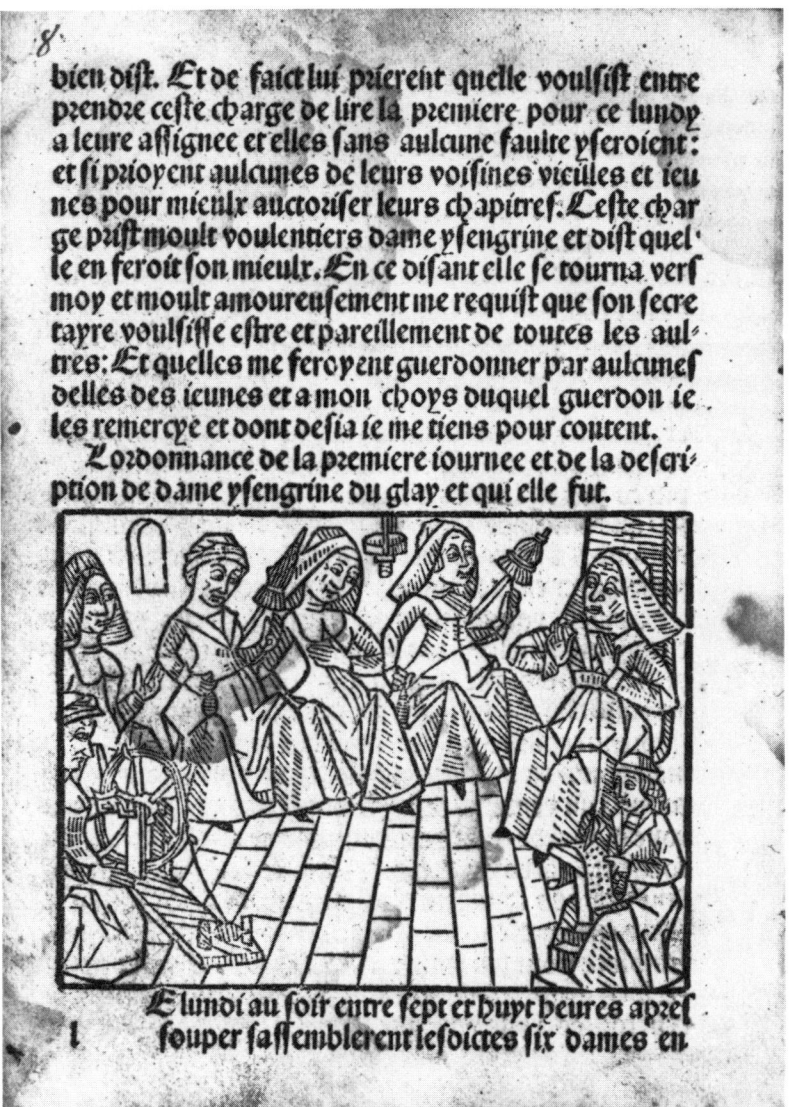

bien dist. Et de faict lui prierent quelle voulsist entre
prendre ceste charge de lire la premiere pour ce lundy
a leure assignee et elles sans aulcune faulte y feroient:
et si prioyent aulcunes de leurs voisines vielles et ieu
nes pour mieulx auctoriser leurs chapitres. Ceste char
ge prist moult voulentiers dame ysengrine et dist quel·
le en feroit son mieulx. En ce disant elle se tourna vers
moy et moult amoureusement me requist que son secre
tayre voulsisse estre et pareillement de toutes les aul·
tres: Et quelles me feroyent guerdonner par aulcunes
delles des ieunes et a mon choys duquel guerdon ie
les remercye et dont desia ie me tiens pour content.

    Lordonnance de la premiere iournee et de la descri
ption de dame ysengrine du glay et qui elle fut.

    E lundi au soir entre sept et huyt heures apres
souper sassemblerent lesdictes six dames en

24. Die Spinnabende waren für die Frauen eine beliebte Gelegenheit zum »abergläubischen« Klatsch. Eine Vorsitzende – hier ist es Transeline de Crocq – leitet die Runde,
die über Heilkräuter und Liebestränke, über Zauberformeln und Wahrsagerei plau-
dert. Der einzige Mann in dem Kreise hat die Aufgabe, alles schriftlich festzuhalten: es
ist der Autor der sogenannten »Spinnstubenevangelien«.
(*Les evangiles des Quenouilles*, Lyon, Matthias Huss, um 1485-1487)

nouilles) versammelt sich eine Handvoll alter Bäuerinnen allabend-
lich, um gemeinsam Wolle zu spinnen und über allerlei Rezepte, über
Wahrsagen und Hexerei zu klatschen: Einem Hasen zu begegnen, ist
ein schlechtes Vorzeichen, sagt eine dieser Frauen, man soll ihn beschwören, indem man dreimal über seine Spuren schreitet. Eine andere behauptet, eine schwangere Frau, die ihr Kind auf der rechten
Seite trage, den Genuß von Wild und Geflügel verweigere und auch
keine Geschichten über Turniere anhören wolle, erwarte zweifellos
männlichen Nachwuchs. Eine dritte kennt ein probates Mittel zur
Zähmung der Ehemänner: man müsse nur ihre Hemden während der
Karfreitagsmesse unter dem Altar verstecken und sie am darauffolgenden Sonntag damit bekleiden. Eine ihrer Genossinnen versucht sie
noch zu übertreffen mit folgendem Rezept: wer ohne Wissen des Ehe-
manns zu Geld kommen wolle, müsse einen Koffer mit einem in der
Johannisnacht gepflückten Strohhalm öffnen ...
Mehr als zweihundert solcher Rezepte hat der männliche Autor
dieser *Evangiles de quenouilles*, der ohne Zweifel dem Umkreis des
Herzogs von Burgund angehörte, seinen Frauen in den Mund gelegt.
Es geht hier nicht eigentlich um Aberglaubenskritik nach hergebrach-
tem kirchlichen Muster, denn unser Autor verzichtet auf jede Aggres-
sivität oder Gehässigkeit. Gleichwohl haben wir es, wie Madeleine
Jeay gezeigt hat, mit einem durchaus widersprüchlichen Werk zu tun,
das nicht frei war von ideologischen Hintergedanken und misogynen
Untertönen: die Anhäufung »abergläubischer« Rezepte sollte im Leser ein Gefühl der kulturellen Überlegenheit bestärken.
Der »Aberglauben« hört hier auf, ein religiöses Phänomen zu sein.
Eine gelehrte, städtische Laienkultur gesellt ihn zu den nichtigen »Il-
lusionen« und letzten »Überbleibseln« eines Obskurantismus, der
seine Wurzeln weniger im fernen »Heidentum« denn im einfachen
Volk hat. Die Superstitionen zeugen von einem Bildungsdefizit und
nicht länger von einem Mangel an religiösem Glauben. Was bleibt, ist
nur ihre grundsätzliche Verwerfung, die aber jetzt formuliert wird im
Namen neuer Kriterien und einer weltanschaulichen Ordnung, die im
Zeichen des Laizismus und des Rationalismus steht. Im »Zeitalter der
Aufklärung« werden die neuen Ideologien ihr kritisches Mütchen
bald auch an der christlichen Religion kühlen und sie dazu zwingen,
den Richterstuhl und die Lehrkanzel an eine Göttin namens »Vernunft« abzutreten, um, in den Augen der Philosophen, nun auch, still
und heimlich, einzugehen ins gemeine Reich des »Aberglaubens«.

Bibliographie

Abkürzungsverzeichnis

CSEL = Corpus Scriptorum Ecclesiasticorum Latinorum (1866ff.)
MGH = Monumenta Germaniae Historica (1826ff.)
PL = J.P. Migne, Patrologia Latina (1844ff.)
SC = Sources Chrétiennes (1942ff.)

Quellen

Adam de la Halle, *Le Jeu de la Feuillée*, hrsg. v. J. Dufournet (Gand 1977); frz. Übers. v. Cl. Buridant/J. Trotin, Champion (Paris 1976)

Agobard de Lyon, *Epistola ad Bartholomaeum episcopum Narbonensis*, in: J. P. Migne, Patrologia Latina 104, 179-186

Agobard de Lyon, *Epistola Agobardi, Bernardi et Eaof episcoporum ad eundem Imperatorem* (= Ludwig d. Fromme) *de Judaicis superstitionibus*, in: PL 104, 78-99

Agobard von Lyon († 840), *De insolentia Judaeorum*, in: PL 104, 199-228

Agobard von Lyon, *Contra insulsam vulgi opinionem de grandine et tonitruis* = Corpus christianorum, continuatio mediaevalis 52 (1981)

Alanus de Insulis, *Liber poenitentialis*, ed. J. Longère = Analecta Namurcensia 18, Louvain-Lille (1965)

Alcher von Clairvaux (Ps.-Augustin), *Liber de spiritu et anima* = PL 40, 669-832

Amulo von Lyon, *Epistola prima ad Theobaldum* = PL 116, 80-83

Augustin, *De civitate Dei*, ed. B. Dombart/A. Kalb, Teubner (1928/29); dt. W. Thimme (dtv)

Augustin, *De doctrina christiana* II, 19/24 (396-426) = PL 34, 15-122

Augustin, *De cura pro mortuis gerenda* = CSEL 41, 621-659

Augustin, *De divinatione daemonum* (406-411)= CSEL 41 (1900) 599-618

Bacon, Roger, *Epistola fr. Rogeri Vaconis de Secretis Operibus Artis Naturae et de Nullitate Magiae*, in: Opera inedita, hrsg. v. J. S. Brewer (London 1959) Bd. 1, S. 523-551

Beda Venerabilis, *Historia ecclesiastica gentis Anglorum* = hrsg. u. übers. v. G. Spitzbart (1982)

Benedikt v. Marseille, *Summa de officio inquisitions,* vgl. Auszüge bei Hansen, Quellen, S. 42-44

Bernard Gui, *Practica Inquisitionis,* hrsg. v. G. Mollat, Les Classiques de l'Histoire de France 8, 9 (Paris 1926-1927) Bd. 2, 21-26 (über Hexen)

Bernard v. Angers, *Liber miraculorum s. Fidis*, hrsg. v. A. Bouillet (1877)

Bernardin v. Siena, *Opera*, ed. J. de la Haye (1635) I, S. 41

Burchard von Worms, *Decretum XIX: Corrector sive Medicus* = PL 140, col. 537-1058

Bußbücher und die Bußdisziplin der Kirche, hrsg. v. H. J. Schmitz (1883)

Bußordnungen der abendländischen Kirche, hrsg. v. H. Wasserschleben (1851, Nachdruck 1947)

Caesarius v. Arles, *Sermones*, in: SC 175/243/330 (1971/1978/1986)

Caesarius v. Heisterbach, *Dialogus miraculorum*, hrsg. v. J. Strange, 2 Bde, Köln-Bonn-Brüssel (1851)

Canon episcopi = Regino v. Prüm, *Liber de synodalibus causibus et disciplinis ecclesiastici* c. 371, hrsg. in: Joseph Hansen, Quellen u. Untersuchungen zur Geschichte des Hexenwahns und der Hexenverfolgungen im Mittelalter (1901; Nachdruck 1963), S. 38f.

Cicero, *De natura deorum*, lat.-dt. v. W. Gerlach/K. Bayer, Tusculum (1978)

Claude Tholosan, *Ut magorum et maleficorum errores*, hrsg. in: Pierrette Paravy, A propos de la genèse médiévale des chasses aux sorcières, le traité de Claude Tholosan, juge dauphinois (vers 1436), in:

Mélanges de l'Ecole Française de Rome, Série Moyen Age et Temps Modernes, 91 (1979) S. 333-379

Constantius v. Lyon, *Vita s. Germani Autidorissensis* = ed. R. Borius, SC 114 (Paris 1965); dt. v. K. S. Frank, Frühes Mönchtum im Abendland (1975) II, 63-96; Vita II mit legendar. Erweiterung des 9. Jhs. Acta Sanctorum Juli VII (1731) 200ff.

Einhard, *Vita Caroli Magni*, lat.-dt. bei R. Rau, Ausgewählte Quellen z. deutschen Geschichte des Mittelalters 5, (Darmstadt 1955)

Eudes v. Paris (1198), in: *Chartularium Universitatis Parisiensis*, hrsg. v. H. Denifle/E. Chatelein, Bd. 1 (Paris 1889), 73

Evangiles des quenouilles, hrsg. v. M. Jeay, J. Vrin-Presses de l'Université de Montréal (Paris-Montreal 1985)

Galbert von Brügge, *Passio Caroli comitis Flandriae*, hrsg. u. übers. v. J. B. Ross, Harper & Row (New York 1967)

Gerald v. Cambrais, *Topographia Hiberniae*, ed. J. S. Brewer, Giraldus Cambrensis Opera, Bd. 1 = Rerum Britannicarum Scriptores 21 (London 1861)

Gervais du Bus, *Roman de Fauvel* (Paris BN, Ms. fr. 146), hrsg. v. Arthur Langfors, Coll. Société des Amciens Textes français 63, Paris 1914-1919 (Johnson Reprint, New York 1968)

Gervasius v. Tilbury, *Otia imperialia*, ed. G. W. Leibniz, Scriptores rerum Brunsvicensium I, 881-1004; II, 751-84 (Hannover 1707-1708)

Gottfried v. Auxerre, *Commentarium in Apocalypsim*, ed. F. Gastaldelli, Rom (1970)

Gratian, *Decretum*, ed. A. Friedberg, Corpus Iuris Canonici, Leipzig 1879 (ND Graz 1955)

Gregor der Große, *Dialogi de vita et miraculis patrum Italicorum*; lat.-frz. v. A. de Vogue = SC 251-260-265 (1978-1980); dt. v. C. Vidmar (1927)

Gregor der Große, *Epistola ad Mellitum*; MGH Epistolae 2 (1892-99) 330ff.

Gregor von Tours, *Historiarum libri decem*, hrsg. u. übers. v. Rudolf Buchner, Ausgewählte Quellen zur deutschen Geschichte des Mittelalters Bd. 2 (1977)

Gregor von Tours, *Miraculorum libri octo*, MGH, Scriptores rerum Merovingicarum I, 749f. (Helarius); 793f. (Berecynthia)

Guibert von Nogent, *De pignoribus sanctorum*, in: PL 156, 607-679

Halitgarius v. Cambrai, *Poenitentiale* = PL 105, 693-710

Helinand de Froidmont, *De cognitione sui* = PL 212, col. 731-736

Helinand von Froidmont, *Vers de la mort*, ed. M. Boyer et M. Santucci, H. Champion, Paris (1983)

Herbert v. Clairvaux, *De miraculis* = PL 185, c. 1271-1384

Hinkmar v. Reims, *De divortio Lotharii regis et Theutberga reginae* = PL 125, 619-772

Hrabanus Maurus, *Homilia 42: Contra eos qui in lunae defectu clamoribus se fatigant* = PL 110, 78-80

Indiculus superstitionum et paganiarum = MGH Capitularia regum Francorum, (1883), Nr. 108, 222f.

Innozenz VIII., *Summis desiderantes* (1884); Auszüge bei Hansen, Quellen, S. 24-27

Isidor v. Sevilla, *Etymologiae*, VIII, 9, 11 (Definition der Nekromantie), ed. W. M. Lindsay, Oxford (1911)

Ivo v. Chartres, *Decretum* = PL 161, 9-1037

Jacques Fournier = J. Duvernoy, Le Registre d'Inquisition de J. F., 3 Bde, Mouton-EHESS (Paris-La Haye-New York 1978)

Jakob Sprenger/Heinrich Institoris, Malleus maleficarum, übers. v. J. W. R. Schmidt, Berlin 1906 (dtv klassik, München 1982)

Jakob v. Vitry = Th. F. Crane, The Exempla or Illustrative stories from the Sermones Vulgares of Jacques de Vitry, Publication of the Folk-Lore Society 26, London 1890 (Kraus Reprint 1967)

Jakobus von Voragine, *Legenda aurea*, hrsg. v. Th. Graesse (Regensburg 1891); übers. v. Richard Benz, Lambert Schneider (Heidelberg 1957)

Jean Beleth, *Summa de ecclesiasticis officiis*, hrsg. v. H. Douteil, Corpus christianorum, Cont. Mediaev. 41, 41A, Brépols (Turnhout 1976)

Jean de Meung, *Roman de la Rose*, hrsg. v. F. Lecoy, 3 Bde, Classiques français du Moyen Age 92, 95, 98 (Paris 1965-1970)

Jean Gerson, *De erroribus circa artem magicam* = Œuvres complètes, ed. P. Glorieux, Bd. X (Tournai-Rom 1973) 87-90

Jean-Baptiste Thiers, *Traite des superstitions* (1679), Paris, Le Sycomore (1984)

Johannes Vineti, *Tractatus contra demonum invocatores* (1450); vgl. Auszüge bei Hansen, Quellen, S. 124-130

Johannes XXII, *Super illius specula* (1327), vgl. Auszüge bei Hansen, Quellen, S. 5f.

Jordan v. Sachsen, *Opus Postillarum et sermones de tempore* (Straßburg 1483)

La Bataille de Caresme et Charnage, hrsg. v. G. Lozinski (Paris 1933); sowie J. C. Auailly (Hrsg.), Deux jeux de Carnaval de la fin du Moyen Age, Droz (Genf 1978)

Lactantius, *Divinae institutiones*, IV, 28,6-15 = CSEL 19/27 (Wien 1890-97)

Macrobius, Kommentar z. Ciceros Somnium Scipionis = Teubner (²1970)

Martin von Braga († 580), *De correctione rusticorum*, ed. C. Barlow, Opera omnia, New Haven (1950)

Maurice de Sully = C. A. Robson, Maurice de Sully and the medieval vernacular homily with the text of Maurice's French homilies from a Sens cathedral chapter manuscript, Oxford (1952)

Nicolas Jacquier, *Flagellum haereticorum fascinorium* (1458); vgl. Auszüge bei Hansen, Quellen, 134-145

Ordericus Vitalis, *Historia ecclesiastica*, hrsg. u. übers. v. M. Chibnall, 6 Bde., (Oxford 1969-80) (IV, 1973, S. 236-50: *Mesnie Hellequin*)

Petrus Cantor, *Verbum abbreviatum* = PL 205, 23-528

Petrus Lombardus, *Sententiarum libri IV* = Spicilegium Bonaventurianum IV (Grottaferrata 1971-1981)

Petrus Mamoris, *Flagellum maleficorum* (1462); Auszüge bei Hansen, Quellen, S. 208-212

Petrus Venerabilis, *Liber de miraculis* = PL 189, 851-954

Philippe de Beaumanoir, *Coutumes du Beauvaisais*, hrsg. v. A. Salmon (Paris 1899-1900)

Radulf Glaber, *Historiarum libri quinque*, hrsg. v. M. Prou (Paris 1886)

Senefiance de Songes, vgl. W. Suchier, Altfranzösische Traumbücher, in: Zeitschrift für französische Sprache u. Literatur 67 (1957) S. 129-167

Severus Sanctus Endelechius, *De mortibus boum* = A. Riese, Anth. Lat., Teubner (²1906) Nr. 893

Sortes apostolorum = A. Chabaneau, Les Sorts des Apôtres, texte provençal du XIIIᵉ siècle, in: Revue des Langues Romanes 18-19 (1880-81) 5-40 (Manuskript aus Cordes).

Statuta Ecclesiae antiquae = PL 56, 863-898

Stephan v. Bourbon, *Tractatus de diversis materiis predicabilibus* = A. Lecoy de la Marche, Anecdotes historiques, légendaires et apologues tirés du recueil inédit d'Etiennes de Bourbon, dominicain du XIIIᵉ siècle (Paris 1877)

Sulpicius Severus, *Vita s. Martini* (397), lat.-frz. v. J. Fontaine, Sources Chrétiennes 133-135 (Paris 1967-69); dt. v. K. S. Frank, Frühes Mönchtum im Abendland (1975), II, 20-52

Tacitus, *Germania*, lat.-dt. v. E. Fehrle (⁴1944)

Thomas d'Aquin, *Summa theologica*, ed. P. Caramello (1952-56); dt. v. J. Bernhart (1933-38)

Thomas de Chobham, *Summa confessorum*, ed. F. Broomfield (Paris 1968)

Venantius Fortunatus, *Vita s. Germani Parisiensis*, in: MGH Scriptores rerum Merovingicarum VII, 372-428

Vita Eligii ep. Noviomagensis II, 2 = MGH Scriptores rerum Merovingicarum IV, 707

Vita s. Aniani, MGH, Scriptores rerum Merovingicarum III, 108-117

Walter Map, *De nugis curialium*, ed. M. R. James 1914 (Clarendon Press, Oxford ²1983)

Wilhelm Durandus v. Mende, *Instructiones et constitutiones*, ed. J. Berthelé-M. Valmary (Montpellier 1900), S. 111f.

Wilhelm v. Auvergne, *De legibus*, in: Opera omnia (Paris 1674)

Wilhelm v. Auvergne, *De universo*, in: Opera omnia (Paris 1674)

Sekundärliteratur

Bachtin, Michail, *Rabelais und seine Welt. Volkskultur und Gegenkultur*, übers. v. G. Leupold, Suhrkamp (Frankfurt 1987)

Baumann, Karin, *Aberglaube für Laien. Zur Programmatik und Überlieferung mittelalterlicher Superstitionenkritik*, 2 Bde. Quellen u. Forschungen z. europäischen Ethnologie 7, Königshausen & Neumann (Würzburg 1991)

Belmon, Nicole, Superstition et religion populaire dans les sociétés occidentales, in: M. Izard-P. Smith (Hrsg.), *La fonction symbolique*, Gallimard (Paris 1979), S. 53-70

Benveniste, E., *Le vocabulaire des institutions indoeuropéennes*, Bd. 2, Ed. de Minuit (Paris 1969; dt. *Indoeuropäische Institutionen*, Campus, Frankfurt/New York 1993)

Blöckler, Monica, Wetterzauber. Zu einem Glaubenskomplex des frühen Mittelalters, in: *Francia* 9 (1981) S. 117-131

Boglioni, Pierre (Hrsg.), *La Culture populaire au Moyen Age*, L'Aurore (Montréal 1979)

Boshof, Egon, *Erzbischof Agobard von Lyon. Leben und Werk*, Böhlau (Köln-Wien 1969)

Browe, Peter, Die Eucharistie als Zaubermittel im Mittelalter, in: *Archiv für Kulturgeschichte* 20 (1930), S. 134-154

Brown, Peter, Sorcery, Demons and the Rise of Christianity from Late Antiquity into the Middle Ages, in: *Witchcraft. Confessions and Accusations*, Association of Social Anthropologists Monographs 9 (London 1970), S. 17-45; oder in: P. Brown, *Religion and Society in the Age of Saint Augustin*, Faber & Faber (London 1972), S. 119-146

Brown, Peter, *The Cult of the Saints. Its rise and fonction in latin christianity*, The Haskell Lectures on the History of Religions 2 (Chicago 1981)

Cardini, Franco, *Magia, Stregoneria, Superstizioni nell'Occidente medioevale*, La Nuova Italia (Florenz 1979)

Chabaneau, C., Sermons et préceptes religieux en langue d'oc du XIIe siècle, in: *Revue des Langues Romanes*, 18-19 (1880-81), S. 5-40

Chevalier, B., *Les Bonnes Villes de France du XIVe au XVIe siècle*, Aubier-Montaigne (Paris 1982)

Cohn, Norman, *Europes Inner Demons. An inquiry inspired by the great witch-hunt* (London 1975)

Devisse, J., *Hincmar, archéveque de Reims* (854-882), Droz (Genf 1975), Bd. 1, S. 369-379 (Traktat über die Scheidung König Lothars)

Dinzelbacher, Peter/Bauer, Dieter (Hrsg.), *Volksreligion im hohen und späten Mittelalter*, Schöningh (Paderborn 1990)

Dumont, Louis, *La Tarasque. Essai de description d'un fait local d'un point de vue ethnographique*, Gallimard (Paris 1951)

166 Bibliographie

Fabre, Daniel, *Le monde du Carnaval*, in: Annales ESC (1976), S. 389-406

Favret-Saada, Jeanne, *Les Mots, la Mort, les Sorts. La sorcellerie dans le Bocage*, Gallimard (Paris 1977)

Fossier, R., *Enfance de l'Europe, X^e-XIIe siècle*, Presses Universitaires de France (Paris 1982)

Fournier, P.-F., *Magie et Sorcellerie. Essai historique, accompagné de documents concernant la magie et la sorcellerie en Auvergne*, Ipomée (Moulins 1979)

Gaignebet, Claude/Florentin, M.-Cl., *Le Carnaval. Essai de mythologie populaire*, Payot (Paris 1974)

Gaignebet, Claude, *Le Combat de Carnaval et Carême de P. Brueghel (1559)*, in: *Annales ESC* (1972), S. 313-345

Geary, Patrick, *Furta Sacra. Thefts of Relics in the Central Middle Ages*, Princeton University Press (1978)

Geary, Patrick, *L'humiliation des saints*, in: *Annales ESC* (1979), S. 27-42; engl. in: Stephen Wilson (Hrsg.), *Saints and Their Cults. Studies in Religious Sociology, Folklore and History*, Cambridge University Press (1983), S. 123-140

Ginzburg, Carlo, *Die Benandanti. Feldkulte und Hexenwesen im 16. und 17. Jahrhundert*, Europäische Verlagsanstalt (Frankfurt 1980; ital. 1966)

Ginzburg, Carlo, *Hexensabbat. Die Entzifferung einer nächtlichen Geschichte*, übers. v. Martina Kempter, Wagenbach (Berlin 1990; ital. Turin 1989)

Graf, Arturo, *Miti, leggende et superstizioni del Medio Evo*, hrsg. v. G. Bonfanti, Mondadori (Mailand 1984)

Graus, Frantisek, *Volk, Herrscher und Heiliger im Reich der Merowinger. Studien zur Hagiographie der Merowingerzeit* (Prag 1965)

Gregory, Tullio, *I Sogni nel Medioevo*, Ateneo (Rom 1975)

Grinberg, Martine/Kinser S., Les combats de Carnaval et Carême, Trajets d'une métaphore, in: *Annales ESC* (1983), S. 65-98

Grinberg, Martine, Carnaval et société urbaine. XIVe-XVIe siècle: le royaume dans la ville, in: *Ethnologie française* 4 (1974), S. 215-244

Gurjewitsch, Aaron, *Mittelalterliche Volkskultur*, C. H. Beck (München 1987)

Harf-Lancner, Laurence, *Les Fées au Moyen Age. Morgane et Mélusine. La naissance de fées*, Champion (Paris 1984)

Harmening, Dieter, *Superstitio. Überlieferungs- und theoriege-schichtliche Untersuchungen zur kirchlich-theologischen Aberglau-bensliteratur des Mittelalters*, E. Schmidt (Berlin 1979)

Harmening, Dieter, *Zauberei im Abendland. Vom Anteil der Gelehr-ten am Wahn der Leute. Skizzen zur Geschichte des Aberglaubens*, Quellen u. Forschungen z. europäischen Ethnologie 10, Königs-hausen & Neumann (Würzburg 1991)

Heers, Jacques, *Fêtes des fous et Carnavals*, Fayard (Paris 1983; dt. *Vom Mummenschanz zum Machttheater. Europäische Festkultur im Mittelalter*, Fischer, Frankfurt 1986)

Hennet de Bernoville, H., *Mélanges concernant l'évêché de Saint-Pa-poul. Pages extraites et traduites d'un manuscrit du XVe siècle* (Paris 1863)

Jeay M., *Savoir faire. Une analyse des croyances des Evangiles des Quenouilles (XVe siècle)*, Ceres (Montréal 1982)

La Religion populaire en Languedoc (XIIe-début du XIVe siècle), Cahiers de Fanjeaux 11 (Toulouse 1976)

Le Goff, J., *Die Geburt des Fegefeuers*, Klett-Cotta (Stuttgart 1984; frz. 1981)

Le Goff, J./Schmitt, J.-Cl. (Hrsg.), *Le Charivari*, Ehess-Mouton (Paris-La Haye-New York 1978)

Le Goff, Jacques, *Pour un autre Moyen Age. Temps, travail et culture en Occident: 18 essais*, Gallimard (Paris 1977)

Le Roy Ladurie, E., *Montaillou. Ein Dorf vor dem Inquisitor*, Ull-stein (Berlin 1983)

Lebrun, F., Le *Traité des superstitions* de Jean-Baptiste Thiers. Con-tribution à l'ethnographie de la France du XVIIIe siècle, in: *Annales de Bretagne et des Pays de l'Quest (Anjou, Maine, Touraine)* 83 (1976), S. 443-465

Lecouteux, Claude, *Geschichte der Gespenster und Wiedergänger im Mittelalter*, Böhlau (Köln-Wien 1987)

Manselli, Raoul, *La réligion populaire au Moyen Age. Problème de méthode et d'histoire*, Institut d'études médiévales (Montréal-Paris 1979)

Meslin, Michel, *La Fête des calendes dans l'Empire romain. Etude d'un rituel du Nouvel An*, Latomus (Brüssel 1970)

Paravy, Pierrette, Faire croire. Quelques hypothéses de recherche ba-sées sur l'étude des procès de sorcellerie du Dauphiné au XVe siècle, in: *Faire croire. Modalités de la diffusion et de la réception des mes-*

sages religieux du XIIe au XVe siècle, Collection de l'Ecole française de Rome 51 (1981), S. 119-130

Paravy, Pierrette, Prière d'une sorcière du Grésivaudan pour conjurer la tempête (procès d'Avalon, 1459), in: *Le Monde alpin et rhodanien* 1 (1982), S. 67-71

Pellegrin, N., *Les Bachelleries. Organisations et fêtes de la jeunesse dans le Centre-Ouest (XVe-XVIIIe siècle)*, Mémoires de la Société des antiquaires de l'Ouest, 4e série, Bd. 16 (Poitiers 1982)

Poulin, J.-Cl., Entre magie et religion. Recherches sur les utilisations marginales de l'écrit dans la culture populaire du Haut Moyen Age, in: Boglioni (Hrsg.), a.a.O, S. 121-143.

Preaud, M., *Les astrologues à la fin du Moyen Age*, J.-Cl. Lattès (Paris 1984)

Schmitt, J.-Cl., *»Jeunes« et danse des chevaux de bois. Le folklore méridional dans la litterature des »exempla« (XIIIe-XIVe siècles)*, in: Cahiers de Fanjeaux 11, Privat (Toulouse 1976), S. 127-158

Schmitt, J.-Cl., *Der heilige Windhund. Geschichte eines unheiligen Kults*, Klett-Cotta (Stuttgart 1982; frz. 1979)

Schmitt, J.-Cl., *La raison des gestes dans l'Occident médiéval*, Gallimard (Paris 1990; dt. *Die Logik der Gesten im europäischen Mittelalter*, Klett-Cotta, Stuttgart 1992)

Schmitt, J.-Cl., Les masques, le diable, les morts dans l'Occident médiéval, in: *Razo. Cahiers du Centre d'études médiévales de Nice* 6 (1986), S. 87-119

Schmitt, J.-Cl., Macht der Toten, Macht der Menschen. Gespenstererscheinungen im hohen Mittelalter, in: *Herrschaft als soziale Praxis. Historische und sozial-anthropologische Studien*, hrsg. v. Alf Lüdtke, Vandenhoeck & Ruprecht (Göttingen 1991)

Schmitt, J.-Cl., Menschen, Tiere und Dämonen. Volkskunde und Geschichte, in: *Saeculum* 32 (1981) S. 334-348

Schmitt, J.-Cl., *Religione, folklore e società nell'Occidente medievale*, Laterza (Rom-Bari 1989; Aufsatzsammlung)

Schmitt, J.-Cl., Vom Nutzen Max Webers für den Historiker und die Bilderfrage, in: *Max Webers Sicht des okzidentalen Christentums. Interpretation und Kritik*, hrsg. v. Wolfgang Schluchter, Suhrkamp (Frankfurt 1988), S. 184-228

Sigal, Pierre-André, *L'Homme et le Miracle dans la France médiévale (XIe-XIIe siècle)*, Cerf (Paris 1985)

Toussaert, J., *Le Sentiment religieux en Flandre à la fin du Moyen Age*, Plon (Paris 1971)

van Gennep, A., *Manuale de folklore français contemporain*, 9 Bde. Picard (Paris 1937-72)

Vauchez, André, *La Sainteté en Occident aux derniers siècles du Moyen Age d'après les procès de canonisation et les documents hagiographiques*, Ecole française de Rome (1981)

Vaultier, R., *Le Folklore pendant la Guerre de Cent Ans d'après les lettres de rémission du Trésor des chartes*, Guénégaud (Paris 1965)

Vogel, C., Pratiques superstitieuses au début du 11ᵉ siècle d'après le *Corrector sive Medicus* de Burchard, évêque de Worms (965-1025), in: *Mélanges offerts à E.-R. Labande* (Poitiers 1974), S. 751ff.

Wirth, J., La naissance du concept de croyance (XIIᵉ-XVIIᵉ siècle), in: *Bibliothèque d'humanisme et renaissance. Travaux et documents* 45 (1983), S. 7-58

Young, B., Paganisme, christianisation et rites funeraires mérovingiens, in: *Archéologie médiévale* 7 (1977), S. 5-82

Zink, Michel, *La prédication en langue romane avant 1300*, Champion (Paris 1982)

Abbildungsverzeichnis

8 Aus: ms. lat. 9333, f. 23, letztes Viertel des 14. Jhs., Paris, Bibliothèque nationale.

9 »Verbrennung einer Hexe«, 11. Jh., aus: ms Cotton Claudius B. IV, f. 57 r, London, British Library.

10 Aus: Stundenbuch von Louis de Laval, 1480, ms. lat. 920, f. 282, Paris, Bibliothèque nationale.

11 Refrigerium, 13. Jh., Bourges, Kathedrale. Foto: Roger-Viollet, Paris.

12 Petrus Lombardus, Kommentar der Psalmen, 2. Hälfte 12. Jh., ms. 59, f. 3 r, Bamberg, Staatsbibliothek.

13 Kommentar des Buches Daniel, Ende 10. Jh., ms. 22, f. 31 v, Bamberg, Staatsbibliothek.

14 *Historia universalis*, 13. Jh., ms 562, f. 49 v, Dijon, Bibliothèque municipale.

15 »Melusine«, aus: ms. fr. 12575, f. 89 r, Paris, Bibliothèque nationale.

16 Handschrift aus Pergament. Foto: Musée des Arts et Traditions populaires, Paris.

17 Fresko des »Jüngsten Gerichts« von Notre-Dame-des-Fontaines, 1492, La Brigue, Alpes-Maritimes. Foto: Bibliothèque nationale, Paris.

18 Aufklappbare Marienstatue, 15. Jh. Foto: Musée de Cluny, Paris.

19 Majestät der Hl. Fides, um 1000, Conques, Klosterkirche. Foto: Caisse nationale des Monuments Historiques et des Sites, Paris.

20 Johannes Pauli, *Schimpf und Ernst*, 1535, rés. g. y² 42, Paris, Bibliothèque nationale.

21 *Belles Heures du Duc de Berry*, Gebrüder Limbourg, 1407-1408, Foto: The Cloisters Museum, New York.

22 »Der Antichrist und die Alchimisten«, aus: B. Obrist, *Les debuts de l'imagerie alchimique*, 14./15. Jh., Paris, Bibliothèque nationale.

23 Robert de Borron, *Ystoire de Merlin*, ms. fr. 96, f. 62 v, Paris, Bibliothèque nationale.

24 *Les evangiles des Quenouilles*, Lyon, Matthias Huss, um 1485-1487, rés. y² 731, Paris, Bibliothèque nationale.

Register

Aus unserem Programm

Jacques Le Goff (Hg.)

Der Mensch des Mittelalters

Übersetzt von Friedrich Griese, Michael Martin, Rainer Spiss und Matthias Springer
412 Seiten, gebunden
ISBN 3-593-34065-8

Das Mittelalter steht noch immer im Ruf, ein finsteres Zeitalter gewesen zu sein. Für uns ist es eine Welt bäuerlichen Elends, knisternder Scheiterhaufen, bigotter Kreuzfahrer und roher Sitten – aber auch feudaler Turniere und gotischer Kathedralen.
Aber wie waren die Menschen dieser Epoche? Welche Weltanschauung, welche Verhaltensnormen, welche Lebensauffassung hatten sie?
Jacques Le Goff hat eine internationale Gruppe von Historikern eingeladen, die zentralen Typen des mittelalterlichen Menschen darzustellen. Daraus ist ein sehr lebendiges Gemälde entstanden, auf dem uns die Menschen von damals in ihrer Lebens- und Denkweise, als arbeitende, betende, sich amüsierende etc. plastisch vor Augen geführt werden. In seiner Einleitung zeichnet Le Goff ein Gesamtbild des mittelalterlichen Menschen, der seinen modernen Gegenstücken sehr viel ähnlicher ist, als wir uns gemeinhin vorstellen.

»Die Autoren französischer, italienischer, polnischer und russischer Herkunft vermitteln in ihren brillanten und spannend zu lesenden Essays auch dem nicht spezialisierten Publikum überaus plastische und facettenreiche Vorstellungen von der Blütezeit und dem Niedergang des Mittelalters.«

Das Parlament

»Sichtbar wird die Mannigfaltigkeit sozialer Prägungen in einer geschichtlichen Epoche, sichtbar wird auch die Subjektivität der Geschichtsschreibung auf höchstem Niveau.«

Neue Zürcher Zeitung

»Ein vielfarbiger und informativer Querschnitt durch die mittelalterliche Gesellschaft.«

Die Welt

Campus Verlag · Frankfurt/New York

Piero Camporesi

Das Brot der Träume

Hunger und Halluzination im vorindustriellen Europa

Aus dem Italienischen von Karl F. Hauber
262 Seiten, gebunden. ISBN 3-593-34254-5

»Camporesi gelingt es, uns aus den Schrecken des Hungers heraus die heute kaum mehr für möglich gehaltenen Ängste verständlich zu machen.«

Die Presse, Wien

Piero Camporesi

Geheimnisse der Venus

Aphrodisiaka vergangener Zeiten

Aus dem Italienischen von Karl F. Hauber
142 Seiten. ISBN 3-593-34335-5

»Der italienische Kulturanthropologe Piero Camporesi liefert in seinem Buch Rezepte der alten Präparate und beschwört mit ihrer Hilfe die untergegangene Kultur der vormodernen Leidenschaften herauf.«

die tageszeitung

Piero Camporesi

Der feine Geschmack

Luxus und Moden im 18. Jahrhundert

Aus dem Italienischen von Karl F. Hauber
204 Seiten. ISBN 3-593-34616-8

»Camporesis schriftstellerisches Talent ist seinem Gegenstand vollkommen angemessen. Sein Panorama schwelgt in immer neuen Bildern der Opulenz und des Esprit de finesse, des ausgefeilten Zeremoniells, der sinnlichen Verlockung und des erlesenen Geschmacks.«

Frankfurter Allgemeine Zeitung

Campus Verlag · Frankfurt/New York